인성과 학력이 동시에 좋아지는 혁신 수업

함께 배움
이렇게
시작한다

인성과 학력이 동시에 좋아지는 혁신 수업

함께 배움
이렇게
시작한다

초판 1쇄 인쇄 2017년 1월 2일
초판 1쇄 발행 2017년 1월 11일

글쓴이 니시카와 준
옮긴이 백경석
펴낸이 김승희
펴낸곳 도서출판 살림터

기획 정광일
편집 조현주
북디자인 꼬리별

인쇄·제본 (주)현문
종이 월드페이퍼(주)

주소 서울시 영등포구 양평로21가길 19 선유도 우림라이온스밸리 1차 B동 512호
전화 02-3141-6553
팩스 02-3141-6555
출판등록 2008년 3월 18일 제313-1990-12호
이메일 gwang80@hanmail.net
블로그 http://blog.naver.com/dkffk1020

ISBN 979-11-5930-028-8 03370

*가격은 뒤표지에 있습니다.
*잘못된 책은 바꾸어 드립니다.

인성과 학력이 동시에 좋아지는 혁신 수업

함께 배움 이렇게 시작한다

니시카와 준 지음 | 백경석 옮김

살림터

이 책을 손에 든 분은 학습자가 수업에 능동적으로 참여하는 수업인 액티브 러닝(일본 교육 혁신의 일환으로 문부과학성이 권장하고 있는 수업으로 저자는 액티브 러닝과 함께 배움을 동일하게 보고 있다. 문맥에 따라 액티브 러닝 또는 함께 배움으로 번역함-옮긴이)을 실천하려는 분이라고 생각합니다. 하지만 구체적으로 어떻게 하면 좋을지 고민이 될 것입니다.

이런저런 책을 읽어 봤지만 잘 모르겠고, 방법은 이해했지만 어려워 보여서 내가 할 수 있을지 망설여지고, 혹은 실천한다고 해도 수업 준비가 힘들어서 일 년에 몇 회 정도밖에는 할 수 없을 것 같고, 그런데 액티브 러닝을 하지 않으면 안 될 상황이 다가오고 있고….

이 책은 바로 그런 당신을 위한 것입니다.

확실히 본격적으로 액티브 러닝을 실천하기 위해서는 준비와 공부, 각오가 필요합니다. 액티브 러닝은 한 해에 몇 회 정도만 실천하면 되는 것이 아니기 때문입니다. 그렇다고 해서 '준비와 공부 그리고 각오가 없으면 불가능하다'면 액티브 러닝의 문턱이 너무 높겠지요.

이 책은 (액티브 러닝의 일종인-옮긴이) 함께 배움의 실천에서 최초 3개월간을 위한 책입니다. 우선 실천해 봅시다. 이 책을 읽으면 주 1회, 1년 에 35회의 함께 배움이 간단히 실천 가능합니다. 이 정도면 주변의 선생 님들은 '제대로 함께 배움을 실천하고 있다'고 생각하실 것입니다.

혹시, 여러분의 학교에 이 책에서 소개하는 함께 배움을 실천하고 있 는 분이 계시면 부디 함께 해 주시기 바랍니다. 왜냐하면 함께 배움은 많은 선생님(교과가 달라도)과 협동으로 할 수 있는 수업이기 때문입니 다. 즉, 서로 배움이 가능하기 때문입니다.

이 책대로 실천하면 불안감 없이 함께 배움의 실천이 가능합니다. 그 리고 확실히 일정한 성과를 얻을 수 있습니다. 물론 '실험 기간'의 함께 배움이기 때문에 한계는 있을 것입니다.

그렇지만 '나도 할 수 있을 것 같다'는 감각을 얻을 수 있을 것입니다. 그리고 좀 더 하고 싶다는 의욕이 생길 것입니다. 그렇다면 다음 단계로 전진하면 됩니다. 이를 위한 발판은 이미 완비되어 있습니다.

이제, 이런 이야기는 나중 일이고 하루라도 빨리 함께 배움의 첫걸음 을 떼어 봅시다.

자, 시작합시다!

4장 함께 배움을 성공시키는 비결

5장 보호자•학생에의 대처 방법

1장

함께 배움을 시작합시다

왜 액티브 러닝인가?

왜 액티브 러닝을 해야 할까요? 차기 학습지도요령에서 요구하는 교수법이기 때문일까요? 대학입시가 변하고, 종래의 방법으로는 합격시킬 수 없기 때문일까요? 관리직이나 장학사가 '하라'고 요구하기 때문일까요?

확실히 위와 같은 이유도 부정할 수 없을 것입니다. 그런데 그것만으로는 부족합니다. 여러분이 많은 직업 중에 교사의 길을 가기로 했던 때를 회상해 보시기 바랍니다. 교장실에서 임명장을 받고, 첫 수업을 준비했던 때를 생각해 보시기 바랍니다. 높고 높은 뜻이 있었을 것입니다. 그 뜻을 아직도 유지하고 있습니까?

지금부터 30년 전 저는 고등학교 교사가 되었습니다. 저는 모두가 이해할 수 있는 수업을 목표로 했습니다. 하지만 실제로 수업을 해 보니 무리라는 것을 바로 알아차렸습니다. 결국 대부분의 학생이 이해하지만 일부 학생은 이해한 듯한 수업으로 목표를 바꾸었습니다.

이해하지 못한 학생은 이해한 상태를 알지 못합니다. 그 때문에 "너는 알고 있어"라고 연거푸 말해서, 정말로 이해한 것과 같은 생각이 들게 합니다. 그러면 공부를 하려고 하기 때문이지요. 이런 방법도 그 나름의 성취감은 있었지만, 속임수라는 것은 자명하지요.

제자들은 귀엽습니다. 특히 담당하고 있는 학급의 학생들은 더욱더 그러합니다. '이 학생들의 행복이 될 무엇인가를 하고 싶다'고 생각했습니다. 하지만 그것이 무리라는 것을 바로 알게 되었습니다. 학생들은 한 사람 한 사람 각자의 짐을 짊어지고 있습니다. 교사인 저조차도 감당하기 힘든 정도의 무거운 짐을 짊어진 학생도 있었습니다. 이런 문제를 교사 혼자서 해결해 내는 것은 드라마 속에서나 있는 일입니다. 제가 수년 간 전력투구한다고 하더라도 가능하지 않습니다.

결국 저는 학생들의 행복을 체념하고 '내 수업 중에는 즐겁게 참여하기'만을 원하게 되었습니다. 이를 위해 만담가와 같은 화법을 연습했습니다. 물론 나름 성취감은 있었지만 '이건 아니다'라는 것을 잘 알고 있었습니다.

아마도 저처럼 처음 교단에 섰을 때의 뜻을 봉인한 분들이 적지 않을 것입니다. 액티브 러닝은 여러분 스스로 봉인했던 교사의 뜻을 펼칠 수 있는 교육입니다!

각각 다른 학생들에 대응하기 위해서

저는 오랫동안 좋은 교재, 좋은 교수법을 찾아왔습니다. 인지심리학을 활용해 지금보다 십수 퍼센트는 정답률이 올라가는 교재 및 교수법을 개발할 수 있었습니다. 학력평가에서 몇 퍼센트의 차이로 일희일비하는 것을 생각하면 경이적인 수치입니다.

그런데 제가 목표로 하는 것은 전원이 이해하는 수업입니다. 물론 어려운 일입니다. 많은 부분이 무리입니다. 그래도 방치한 채로 한 시간을 보낸다면 일주일이면 열 시간이 넘고, 초·중·고 12년간 이런 상황이 누적되는 학생도 있을 것입니다. 무리라고 내버려 둘 수 없습니다.

다양한 연구를 하면서 깨달은 것은 "누구에게"라는 의문입니다. 좋은 교재, 좋은 교수법에서 좋다는 것은 누구에게 좋다는 것일까요?

당연히 학생이라고 생각할 수 있지만 '학생'이라는 구체적인 개체는 없습니다. 학급의 학생 한 사람 한 사람의 얼굴을 떠올려 보면 한 사람 한 사람이 모두 다릅니다. '학생'이라는 한마디 말로 두루뭉술하게 취급하는 것은 불가능합니다. 이런 학생들 전원이 이해할 수 있게 하는 교재와 교수법이 있겠습니까? 상당히 어려운 일일 것입니다.

그래서 '좋은 교재, 좋은 교수법은 무엇일까?'가 아닌 '그 학생에게 좋은 교재, 좋은 교수법을 생각해 낼 수 있는 것은 누구일까?'라는 발상을 하게 되었습니다. 결국 학생 '본인'입니다. 왜냐하면 초능력자가 아닌 우리가 타인의 '이해한다/이해하지 못한다'는 것을 항상 정확하게 파악할 수 없기 때문입니다. 따라서 본인이 주체적으로 배우지 않으면 안 되는 것입니다.

본인이 주체적으로 배울 때 가장 유효한 것은 무엇이겠습니까? 교사의 발문發問일까요? 판서일까요? 교사가 작성한 활동지일까요? 저는 학급 친구라고 생각합니다.

현대 과학의 정수를 결집하더라도 사람이 지닌 패턴 인식 능력을 실현할 수 없습니다. 자신이 이해하지 못하는 애매한 곳을 이해할 수 있는 것은 다른 사람입니다. 그리고 로봇으로는 표현할 수 없는 목소리, 표정으로 학급 친구는 가르쳐 줍니다. 학생의 설명은 교사보다는 수준이 낮습니다. 하지만 학생들끼리 통하는 설명이 있고, 학급에는 이런 방식에 능숙한 학생이 상당히 많습니다. 이런 학급 친구를 최대로 이용하기 위해서는 협동이 필요합니다.

그러므로 주체적이면서 협동적인 함께 배움은 전원이 이해하는 수업을 실현할 가능성이 높습니다.

어린이라서 이해할 수 있는 것이 있다

현재의 교원 양성, 교원 재교육은 잘못된 전제에 기초하고 있습니다. 그것은 지식과 기능을 이해하면 할수록 더 잘 가르칠 수 있다는 전제입니다. 단순하게 생각하면 옳은 것처럼 여겨집니다. 하지만 그것이 잘못되었다는 것은 학술 연구로 밝혀졌습니다. 어려운 학술 연구 논문을 보지 않더라도 '전문가의 말은 이해하기 어렵다'는 말을 들으면 '그렇지'라고 수긍하지 않았나요? 사실은 가르치는 사람과 배우는 사람의 이해의 정도 차가 적당할 때 교수, 학습이 성립하는 것입니다.

저는 대학에서 생물물리학을 전공했습니다. 그리고 학력 면에서 최저인 고등학교에서 근무했습니다. 그곳에서 물리, 화학, 생물, 지학을 가르쳤습니다. 학생들에게 가장 이해하기 쉬웠던 과목은 지학이었습니다. 그 이유는 바로 제가 지학을 잘 몰랐기 때문입니다. 저는 중학교에서 과학의 제2분야를 싫어해서 고등학교 때 지학을 선택하지 않았습니다. 대학에서는 교직과목으로 지학실험만 수강했습니다.

즉, 저의 지학에 관한 지식은 초등학교 수준입니다. 물리에 대한 저와 학생 간의 거리보다 지학에 관한 인지적 거리가 가까웠기 때문에 상대적으로 저의 지학 수업은 물리 수업보다 이해하기 쉬웠다고 생각합니다. 그렇지만 혹시 학급에 지학을 좋아하면서 잘하는 학생이 있었다면 저의 수업은 지루했을 것 같습니다.

학생들은 다양합니다. 대학입시를 위해 우열반으로 나눈 고등학교라 하더라도 학생들의 다양성은 변함없습니다. 일제 수업에서 학생들의 이러한 특성은 골칫거리입니다. 그래서 일제 수업은 중간 또는 중하 수준에 맞추어 진행합니다. 따라서 하위권은 이해하기 어렵고 상위권은 외면하게 됩니다.

교사는 하위권 학생이 왜 이해하지 못하는지를 깨닫지 못합니다. 하지만 하위권 친구가 어디를 모르는지, 어떻게 하면 이해할 수 있을지를 아는 중하위권 학생이 있습니다. 또한 이 중하위권을 가르칠 수 있는 중위권이 있으며 이 중위권을 가르칠 수 있는 중상위권 학생이 있습니다.

그리고 마지막으로 이 중상위권을 가르칠 수 있는 상위권 학생은 친구를 가르치면서 자신의 이해가 더 깊어집니다. 함께 배움에서는 학생들의 다양성이 골칫거리가 아닌 보물입니다.

함께하기 때문에 학력이 향상된다

학생들의 학력 향상을 위해서는 무엇이 가장 필요할까요?

교재 연구일까요, 발문일까요? 아니면 잘 정리된 판서일까요?

모두 아닙니다. 필요한 것은 본인의 배우려는 마음입니다. 이것만 있으면 어떤 교재, 어떤 발문, 어떤 판서라도 학력은 향상됩니다. 교재나 발문, 판서가 없어도 자발적으로 공부할 것입니다. 거꾸로 말하면 본인이 배우려는 마음이 없으면 어떤 교재, 발문, 판서라도 학력은 향상되지 않습니다.

그렇다면 어떻게 공부하고자 하는 의욕을 일으킬 수 있겠습니까? 재미있는 잡담이나 실험으로 학생들의 흥미와 관심을 유발하는 것은 가능합니다. 하지만 잡담은 잡담에 불과합니다. 재미있는 실험은 마술에 불과합니다. 학생들이 좋아하더라도 이들의 기억에 남는 것은 잡담이나 마술이지 교과의 내용은 아닐 것입니다.

교사 고민의 8할은 공부할 의욕이 없는 2할의 학생들에게서 생깁니다. 자, 이 학생들을 생각해 봅시다. 당신의 힘으로 그들이 의욕을 내게 할 수 있겠습니까?

무리겠지요. 하지만 그것은 당신이 능력이 없거나 태만한 것을 의미하지는 않습니다. 그 학생의 역대 담임이나 전담 선생님들에게도 무리였던 것입니다. 이 학생은 교사와 성정이 맞지 않았기 때문입니다. 우리 교사들은 현재의 학교제도에 적합했기 때문에 대학에 가고, 교사가 될 수 있었습니다. 그러니 현재의 학교 교육에 맞지 않는 학생과 성정이 맞지 않는 것은 당연합니다.

그렇다면 어떻게 하면 좋을까요? 문제 해결의 관건은 집단에 있습니다. 야구부 선수들이 뜨거운 햇볕 속에서도 운동장을 몇 번이나 달릴 수 있는 것은 무엇 때문이겠습니까? 그것은 모두가 달리고 있기 때문입니다. 혹시 한 사람 한 사람씩 따로 달리게 한다면 완주하는 선수도 있고 중도에서 포기하는 선수도 생길 것입니다.

그렇습니다. 공부도 단체전입니다. 협동적인 함께 배움은 학력 향상의 승부수가 될 수 있습니다.

다른 사람의 능력을 이용할 수 있는 힘을 기른다

이 세상에서 가장 보편적이면서 강력한 능력은 무엇이겠습니까?

이시다 에이코石田英子라는 연구자는 여러 나라의 성인을 대상으로 자신이 알고 있는 '머리가 좋은 사람'을 조사했습니다. 결과는 시험 성적이 좋은 사람이 아니었습니다. 일 잘하는 사람이었습니다. 그래서 이시다는 일 잘하는 사람의 특징을 조사했습니다. 여러 나라에서 조사했지만, 결과는 일치했습니다.

결과는 말솜씨가 좋은 사람입니다. 그리고 다른 사람의 기쁨을 함께 기뻐하고, 슬픔을 같이 슬퍼할 줄 아는 사람이었습니다. 핵심은 타인과 더불어 살아갈 수 있는 사람입니다. 다시 말하면, 이 세상에서 가장 보편적이면서 강력한 능력은 다른 사람의 능력을 이용할 수 있는 능력입니다.

미분방정식을 풀 능력이 없어도 그것을 풀 수 있는 사람의 힘을 빌린다면 문제가 없습니다. 프랑스어를 몰라도 프랑스 말을 할 수 있는 사람의 힘을 빌린다면 문제가 없습니다.

경영학자 랜시스 리키트에 의하면 주임이나 계장 수준의 하급 관리직은 그 일에 직접 관계가 있는 지식과 기능의 정도 여부가 일의 달성도를 결정한다고 합니다. 그는 상급 관리직에게는 그와 같은 지식과 기능은 중요하지 않다고, 그 대신 필요한 것은 다른 사람의 의욕에 불을 붙이는 능력이라고 말합니다.

그렇다면 학교 교육은 학생들에게 이러한 능력을 길러 주고 있을까요? 학교 교육의 대부분을 차지하는 교과 학습 시간에 위와 같은 능력을 거의 길러 주지 못하고 있는 것이 실상이지 않습니까?

현재의 학습지도요령은 모든 교과에서 언어활동을 중시할 것을 요구합니다. 그런데 언어활동이라는 어휘 때문에 국어, 영어 이외의 교과는 관계가 없다고 생각합니다.

그리고 국어, 영어 역시 '언어활동도 기초, 기본이 중요하다. 이것이 없으면 언어활동은 있을 수 없다'는 언급처럼 언어활동의 도입은 한정적으로 이해되고, 결과적으로 수업은 종래와 별로 달라지지 않았습니다. 이것을 거꾸로 말하면, 기초, 기본은 언어활동 때문에 배우고, 언어활동을 동반하지 않으면 기초, 기본을 정말로 획득할 수 없다고 말할 수 있습니다.

재취업 때 활용할 네트워크를 만든다

총무성의 2012년 취업구조기본조사에 의하면, 고등학교와 대학을 졸업한 학생들의 4할은 비정규직으로 취업하고 그 비율은 해마다 1%씩 상승하고 있습니다. 이대로 간다면 지금 재학생들이 취직할 때가 되면 비정규직이 절반 이상이 될 것입니다. 종신 고용을 당연하게 생각하는 것 자체가 시대착오가 됩니다.

중소기업청의 『중소기업 백서』(2011)에 의하면, 중소기업은 창업 약 10년 후에는 3할이 도산한다고 합니다. 20년 후에는 절반이 도산합니다. 대기업도 안심할 수 없습니다. 제자들이 퇴직할 무렵이면 정년이 70세나 75세가 될지도 모르겠습니다. 그렇다면 50년 이상 일해야 합니다. 결과적으로 근무하고 있던 회사가 도산하는 것을 경험하는 것이 일반적이겠지요.

중년의 재취업은 청년의 취업과 마찬가지로 힘듭니다. 이때 다음 직장을 소개해 주는 것은 누구일까요? 미국의 사회학자인 마크 그라노베터의 조사에 의하면 재취업과 같은 가치 있는 정보는 가족이나 친구, 같은 직장의 동료처럼 강한 네트워크(강한 유대)보다는 대충 알고 있는 사람이나 지인의 지인과 같은 약한 네트워크(약한 유대)가 알려 준다고 합니다.

자, 생각해 봅시다. 취업해서 알게 된 사람들 대부분은 같은 직장의 사람이겠지요. 기업에 취업한 사람도 그렇습니다. 그런데 자신의 회사가 도산해 곤란할 때 같은 회사에 근무하는 사람은 같은 어려움에 처해 있기 때문에 다른 사람을 돌아볼 여지가 없습니다.

그렇다면 학생들이 대충 알고 지내는 사람이나 지인의 지인과 같은 약한 네트워크를 다양하게, 또 다수 획득 가능한 곳은 어디일까요?

학교입니다. 그런데 지금의 학교는 그와 같은 관계를 만들고 있을까요? 여러분의 중·고등학교 시절 학급을 떠올려 보시기 바랍니다. 같은 반이라도 한 번도 서로 말해 본 적이 없는 사람이 꽤 있지 않습니까? 이래서는 안 됩니다.

물론 학급 전원을 친한 친구로 하자는 것은 아닙니다. 동창회에서 만났을 때 추억 이야기로 담소를 나눌 수 있는 사람을, 모든 학생이 다양하게 다수 만들지 않으면 안 된다는 것입니다. 그렇지 않으면 제자들이 중장년이 되었을 때 비참한 생활에 처할 가능성이 있습니다.

사회에서 필요한 능력을 육성하기 위해서

　우리 호모 사피엔스는 후천적인 학습을 통해 다양한 지식, 기능을 획득함으로써 생존할 수 있었습니다. 물론 원시인이 칠판을 사용한 일제 수업을 하지는 않았지요. 그럼 어떻게 가르쳤을까요. 자신이 속한 무리의 어른으로부터 일(예를 들면 사냥)을 통해 배웠습니다. 중세에는 도제 제도가 그 기능을 담당했습니다. 지금도 일의 지식, 기능은 직장의 선배나 상사로부터 배우지요. 근대학교제도 도입 전까지는 배우는 사람보다 가르치는 사람이 충분히 있었습니다.

　그런데 근대학교제도는 교육을 일로부터 분리했습니다. 근대학교제도 도입 전까지는 벼 키우는 방법, 옻칠 그릇 만드는 방법, 참치 잡는 방법을 가르칠 수 있는 사람은 있었지만, 자기 일과 관계없이 다양한 지식, 기능을 광범위하게 지닌 사람은 없었습니다. 그래서 메이지 시대의 정부는 사범학교를 세워 교사라는 직업을 만들었습니다.

　가르쳐야 할 어린이는 수십 명이지만 가르치는 교사는 단지 한 명뿐입니다. 결과적으로 매우 자연스럽지 못하고 비효율적인 일제 수업이 생겼습니다. 하지만 그것 이외의 다른 선택지가 없었습니다.

문부과학성의 통계에 의하면 현재 학생들의 3할은 학원, 통신 교재, 가정교사를 통해 배우고 있습니다. 그리고 학부모의 절반은 4년제 대학을 졸업했습니다. 성적으로 우열반을 나누는 고등학교도 삼 개월이 지나면 능력 차가 벌어집니다. 초·중학생의 능력 차는 더 크겠지요. 그래서 대부분의 교사는 중위 혹은 중하위의 실력에 맞추어 수업을 진행합니다. 즉, 교실에는 정도의 차이는 있지만 가르칠 수 있는 학생이 다수 존재합니다. 따라서 호모 사피엔스 본래의 배움으로 되돌아갑니다. 하지만 교육은 일본 최대의 사업입니다. 큰 조직은 변하지 않습니다. 일과 분리된 교육을 일본은 오랫동안 해 왔습니다. 그 결과 일에서 필요한 자신의 머리로 생각하는 능력, 다른 사람과 함께 문제를 해결하는 능력을 육성하지 못했습니다. 그리고 사회도 학교에 그것을 기대하고 있지 않습니다. 학교를 졸업한 사람을 대상으로 사회가 그것을 가르치고 있습니다. 소위 사내 교육입니다. 이제 일본은 저출산 고령화 사회가 되어 그런 여유가 없어졌습니다. 사회로 나오자마자 일이 가능한 사람을 학교에서 양성할 것을 요구하게 되었습니다.

액티브 러닝을 추진하려고 하면, '꼭 모든 수업을 액티브 러닝으로 해야 하는가?'라고 말하는 사람이 있습니다.

액티브 러닝은 "교원에 의한 일방향적인 강의 형식의 교육과는 달리 학습자의 능동적인 학습에의 참여를 포함한 교수·학습법의 총칭으로 학습자가 능동적으로 학습함으로써 인지적, 윤리적, 사회적 능력, 교양, 지식, 경험을 포함한 범용적인 능력의 육성을 도모한다. 따라서 발견 학습, 문제 해결 학습, 체험 학습, 조사 학습 등도 포함되며 교실에서의 그룹 토론, 그룹 활동 등도 또한 유효한 액티브 러닝 방법이 될 수 있다"라고 정의합니다.

이러한 정의에 따르면 방법은 무엇이라도 된다는 것이 자명해집니다. 때문에 전부를 바꿀 필요는 없습니다. 가장 중요한 것은 달성해야 할 능력입니다. 그것은 '인지적, 윤리적, 사회적 능력, 교양, 지식, 경험을 포함한 범용적 능력'입니다. 사실, 이 능력은 총합적 학습(정해진 교과서 없이 학생들이 일상생활에서 궁금하게 생각한 것을 자유롭게 탐구하는 학습으로, 앞으로의 사회에서 살아갈 수 있는 힘인 자신의 머리로 생각하는 능력과 자발성을 중요시함 - 옮긴이) 시간, 언어활동의 중시 등에서 추구하던 능력과 기본적으로 같습니다. 간단히 말하면 당신이 동료로서 원하는 사람의 능력입니다.

당신 동료 중에는 당신이 동료로서 원하지 않는 사람도 있을 것입니다. 그 사람이 내가 원하는 동료가 되기 위해서는 어느 정도의 교육이 필요할까요? 1시간으로는 무리겠지요. 100시간입니까? 아마도 당신의 답은 수 년 내지 수십 년이 아닐까요?

즉, '인지적, 윤리적, 사회적 능력, 교양, 지식, 경험을 포함한 범용적 능력'을 갖추려면 시간이 걸립니다. '꼭 모든 수업을 액티브 러닝으로 해야 할 필요가 있는가?'라는 의문을 가진 사람은 '액티브 러닝을 하면 좋지요'라는 정도에서 그치고, 위에서 말한 능력을 달성하려는 생각은 하지 않을 것입니다.

예를 들면 직소법이 있습니다. 액티브 러닝 방법의 하나입니다. 저는 그것에 관한 학술 논문을 쓴 적이 있어서 알고 있지만, 이것을 활용할 수 있는 단원은 매우 적다고 단언할 수 있습니다.

직소법이 가능하도록 내용을 나눌 수 있는 단원은 극히 적습니다. 게 다가 그런 준비를 하려면 노력이 필요합니다. 그래서 1년에 몇 차례밖에 실시할 수 없습니다. 때문에 '액티브 러닝을 하면 좋겠지'라고 생각하면 그것으로 괜찮겠지요.

하지만 '인지적, 윤리적, 사회적 능력, 교양, 지식, 경험을 포함한 범용적 능력'을 달성할 수는 없습니다.

그럼 직소법 이외의 다양한 방법을 도입하면 될까요? 상상해 보시기 바랍니다. 교장이 직원에게 여러 가지 지시를 한다면 혼란스럽겠지요. 액티브 러닝도 같습니다.

함께 배움은 누구라도 가능하다

이 책을 손에 든 당신은 새로운 동향을 놓치지 않는 분입니다. 자비를 들여서라도 배우려는 분이기 때문에 함께 배움 수업을 충분히 실천 가능한 분이라고 생각합니다. 무엇보다도 성장할 수 있는 분입니다.

주위를 돌아보세요. '액티브 러닝이 뭐야?' 또는 '나는 액티브 러닝 따위 하지 않아'라고 말하는 교사가 많을 것입니다. 나중에 설명하겠지만 그런 분이 있는 것은 당연하고, 그러므로 일본 교육은 안정되어 있다고 생각합니다. 하지만 다른 한편으로는 액티브 러닝에 도전하고 그 유효성과 한계를 판단할 수 있는 사람도 필요합니다. 그분이 바로 당신입니다.

액티브 러닝은 정해진 방법이 아닙니다. 한마디로 어린이를 어른(당신이 동료로서 원하는 사람)이 되게 하는 교육입니다. 이것을 실현할 수 있으면 어떤 방법이라도 괜찮습니다. 이 책에서는 함께 배움에 의한 액티브 러닝을 소개합니다.

이 책 수준에서는 함께 배움에 대해 상세하게 알지 못하더라도 함께 배움을 실천할 수 있도록 내용이 구성되어 있습니다.

이 책에서 소개하는 함께 배움은 실증적 학술 연구에 기초하고 있지만 동시에 우수한 교사의 실천을 바탕으로 삼고 있습니다. 말씀드린 것처럼 함께 배움은 어린이를 어른이 되게 하는 교육입니다. 이것을 원하지 않는 교사는 없을 것입니다. 그런데 우리가 수업에서 하는 것은 한자 쓰기, 속도·가속도의 계산, 프랑스혁명의 연도 암기 수준 정도가 대부분을 차지하고 있습니다.

이 정도 수준의 교과 지도로 어린이가 어른이 된다고는 생각지 않을 것입니다. 그래서 중학교, 고등학교 선생님 중에는 클럽 활동에 정열을 불태우는 분이 적지 않습니다. 다음 장에서 설명하는 함께 배움의 방법은 언뜻 보기에는 깜짝 놀랄 만한 방법일지도 모르겠습니다. 하지만 그것을 클럽 활동 지도라고 바꾸어 생각해 보면 모두 당연한 것들뿐이라는 생각이 들 것입니다. 예컨대 당신이 도덕 시간이나 학급회의에서 "어른이 된다는 것은 무엇일까?"라고 말한 것을, 교과 지도 시간에 말한다면 그것이 바로 함께 배움입니다.

즉, 여러분은 함께 배움의 경험이 이미 있습니다.

2장

함께 배움 시작 방법

함께 배움을 처음으로 시작하면서

함께 배움은 학생들이 주체적, 협동적으로 되는 수업입니다. 학생들에게 맡겨 학생들끼리 공부시킨다면 '정말로 이해할까', '수습 불능의 혼란에 빠지는 것은 아닐까'라고 불안한 마음이 드는 것도 당연합니다. 지금까지와는 다른 방법이기 때문이지요. 설령 이론적으로는 이해한다고 해도 불안하실 것입니다. 번지 점프가 위험하지 않다는 것을 이치로서 이해는 하지만 높은 절벽에서 한 걸음 내딛는 것처럼 불안합니다. 그리고 그 결과 많은 선생님이 이것도 아니고 저것도 아닌 어정쩡한 함께 배움을 해버립니다.

만일 교사가 착실히 준비해서 여기에서는 무엇을 하고 다음에는 무엇을 할 것이라고 엄격하게 정해진 함께 배움을 한다고 생각해 봅시다. 함께 배움(액티브 러닝)에서는 학생들의 머릿속이 액티브해야 합니다. 교사가 기획한 함께 배움은 교사만 액티브하게 될 뿐입니다. 참다운 함께 배움은 학생 각자가 그때그때 생각하는 학습입니다.

학생들에게 맡겨 버리면 엉망진창이 되지 않을지 불안합니다. 그래서 수업의 절반은 지금까지의 수업으로 나머지 절반은 함께 배움으로 하는 분도 있습니다. 이것도 잘되지 않으면 학생들끼리의 대화가 아닌 교사와 학생 간의 대화를 늘리는 수업, 즉 종래의 수업을 합니다.

엉거주춤한 함께 배움으로 성과를 내기 위해서는 대단한 기량이 필요합니다. 함께 배움에서는 처음에는 몇 사람의 학생만 이해한 것이 점차 주위의 학생들에게 전해지는 과정이 생깁니다. 예를 들면 처음에는 학생 2명이 알고 있었던 것을 한 사람이 한 사람을 가르치면 바로 4명이 됩니다. 그 4명이 가르치면 8명이 됩니다. 그리고 16명, 32명이 됩니다. 즉, 기하급수적으로 아는 학생이 증가합니다. 그래서 학생들이 교류하는 시간을 늘리면 급격하게 아는 학생이 증가합니다. 거꾸로 학생들의 교류 시간을 줄이면 줄일수록 급격하게 모르는 학생이 늘어납니다. 따라서 엉거주춤한 함께 배움을 하면 교사도 충분히 가르치지 못하고, 학생들끼리의 배움도 한정되는 최악의 상황이 되어 버립니다.

그래서 이왕하기로 마음먹었다면 한 시간 전부를 함께 배움으로 하는 편이 안전합니다.

일주일에 한 시간으로 시작하기

갑자기 모든 시간을 함께 배움으로 실천하기 불안한 분은 먼저 일주일에 한 시간부터 시작할 것을 권합니다.

예를 들어 어떤 교과를 주 4시간 가르친다면, 그중 3시간은 지금까지의 방법대로 교사가 확실하게 지도합니다. 나머지 한 시간은 지금부터 설명하는 함께 배움으로 하면 됩니다.

중학교나 고등학교는 교과에 따라서 일주일에 두 시간 정도밖에 가르치지 않는 경우도 있습니다. 이 경우에는 2주에 한 시간이라도 좋습니다. 지금까지의 수업에서도 단원 끝에는 평가를 대비하기 위한 문제를 내서 자습시키는 일이 있었습니다. 또 출장 시에 자습 과제를 제시하는 경우도 있었을 것입니다. 그것과 같다고 생각해 주세요.

함께 배움은 매우 단순한 이론과 방법입니다. 이 책에서 소개하는 것은 이미 초·중·고 수천 명의 선생님들이 실천하고 있습니다. 그 속에는 모든 교과의 실천이 포함되어 있습니다.

벽지 학교도 대도시 학교도 포함되어 있습니다. 입시 명문 학교도 있고 학력이 낮은 학교도 있습니다. 이론과 방법이 심플하기 때문에 발생하는 문제도 단순해서 정형화되어 있습니다. 때문에 발생할 만한 문제는 모두 파악하고 있습니다. 그리고 많은 사람이 문제에 직면해 해결책을 시도한 후, 그 결과를 많은 사람과 공유한 내용이 정리되어 있습니다.

주 1회의 함께 배움 수준이라면 거기서 발생하는 문제와 해결책의 95%(사실은 100%)는 이 책과 『함께 배움을 성공시키는 교사의 말하기』(이하 『교사의 말하기』, 근간－옮긴이) 속에 있습니다.

함께 배움을 실천하면 다양한 문제가 생깁니다. 예를 들면 자유롭게 이동하고 대화할 수 있기 때문에 노는 학생이 나타나는 경우도 있습니다. 또 혼자 떨어져 있는 학생도 보입니다. 이런 문제에 대한 대책은 『교사의 말하기』에 안내되어 있습니다(함께배움연구회 카페에 한국의 사례가 탑재되어 있음－옮긴이).

함께 배움을 시작할 때는 자석 테이프를 준비해 주세요. 그것을 적당한 크기로 잘라서 학급 학생들의 이름을 써 주세요.

끝으로 이 책 3장에서 과제 만드는 방법을 설명하겠습니다. 과제는 간단히 말하면 자습 과제입니다. 그 과제를 학생들의 노트에 붙일 수 있는 크기로 인쇄해 주세요.

함께 배움을 시작하기 위한 말하기

그럼, 시작합시다.

제일 먼저 함께 배움을 시작하는 의도를 이야기합니다.

　–오늘부터 함께 배움이라는 수업을 시작합니다. 함께 배움을 왜 하는지를 처음으로 설명하겠습니다. 여러분은 왜 학교에 오는지 알고 있습니까?

아마도 학생들은 "공부하기 위해서"라고 말하겠지요.

　–그렇습니다. 그렇다면 무엇을 공부할까요?
　–수학!
　–국어.
　–나는 체육!

학생들은 서로서로 여러 교과를 열거하겠지요. 중학교, 고등학교에서는 더욱 고도의 반응이 나올 것입니다.

-그렇군요. 확실히 모두가 중요하겠지요. 하지만 여러분 중에는 어떤 과목이 서툰 학생도 있겠지요. 안심하세요. 어떤 것을 못한다고 하더라도 잘못되는 것은 아닙니다.

계산을 예로 들어 보면, 선생님은 올해 일 년 동안에 수업을 제외하고 손으로 직접 계산한 적이 없습니다. 계산기를 사용해서 계산했습니다.

수업에서 뜀틀 넘기를 배우지만 동네를 걸어가다가 길에 뜀틀이 있어도 그것을 뛰어넘지 못한다고 안 되는 일은 없습니다.(학생들이 웃는다.)

-물론 이런 예는 웃자고 하는 말이지만, 선생님이 하고 싶은 말은 학교는 훨씬 더 중요한 것을 배우기 위해서 있다는 것입니다.

학교는 다양한 사람과 사귀고 그 사람들의 힘을 빌려서 자신을 이해하고, 무엇인가 할 수 있는 능력을 배우는 곳이라고 생각합니다.

-선생님도 서툰 것이 있습니다. 예를 들면 컴퓨터는 잘하지 못합니다. 하지만 그럴 때에는 다른 선생님에게 부탁합니다. 대신에 잘하는 것도 있습니다. 자동차를 잘 알고 있어요. 다른 선생님의 자동차 상태가 이상하면 살펴봐 주지요.

-선생님도 그렇지만 이 세상의 모든 것을 다 잘하는 사람은 없습니

다. 전부 잘하려고 해도 그것은 무리입니다. 그 대신 다양한 사람과 교류하고 그 사람의 힘을 빌릴 수 있는 사람이 사회에서 인정받는 사람입니다.

　-좀 다른 이야기를 해 봅시다. 모두가 알 수 있는 공부를 하기 위해서는 선생님 한 분당 학생은 몇 명 있어야 할까요? 지금처럼 30명일까요? 아니면 10명일까요?

학생들에게 물어보면 '한 사람당 한 분의 선생님이 있으면 좋아요' 라고 응답할 것입니다. 선생님은 고개를 끄덕이며,

　-그렇습니다. 그러면 왜 선생님 한 분에 학생 한 명일까요?
　-왜냐하면 항상 배울 수 있기 때문이지요.
　-하지만 가르치는 선생님도 스타일이 있습니다. 선생님은 모두가 알 수 있도록 설명하고 싶지만 선생님의 설명이 어리둥절한 친구도 있겠지요.(학생들이 웃는다.) 자, 이런 내가 일대일로 가르친다면 어떻게 될까요?

　-열심히 공부합니다.
　-선생님의 설명을 이해하지 못할 때는 어떻게 하지요?
　-아는 척하지요.(웃음)
　-그렇군요. 그것은 어쩔 수가 없네요.

－정말로 이해하기 위해서는 자신과 맞는 사람하고 일대일로 철저하게 공부하지 않으면 안 되겠네요. 그렇다면 지금까지의 방법으로는 무리겠지요.

그래서 함께 배움을 합니다. 함께 배움에서 가장 중요한 것은 한 사람도 포기하지 않는다는 것입니다. 모두가 한 사람도 포기하지 않는다는 것을 소중하게 생각한다면, 여러 사람과 교류할 수 있습니다. 그리고 모두로부터 배울 수 있습니다.

－그렇게 하기 위해서 앞으로의 수업에서는 선생님이 쉽게 가르치지 않을 때가 많을 것입니다. 선생님은 가르치기 위해서 교사가 되었습니다. 하지만 선생님이 가르치기 시작하면 여러분이 함께 배우는 것을 방해하게 됩니다.

그래서 선생님은 참겠습니다. 그 대신 모두가 서로 가르치고 서로 배우세요.

－좋습니까? 중요한 것이 있습니다. 이 수업에서는 절대로 한 사람도 포기해서는 안 됩니다.

한 사람을 포기하는 학급은 두 번째 사람도 포기하고, 세 번째 사람도 포기합니다. 그리고 당신이 네 번째 사람이 될지도 모릅니다. 이런 학급은 정말로 싫겠지요. 알겠지요?

교사가 이야기를 마치면 학생들은 "네"라고 응답할 것입니다.
이상의 설명은 초등학교 중·고학년을 상정한 예입니다. 담당하는 학생들에 맞추어 이야기해 주세요. 이때 주의점이 있습니다.

첫째, 말하기 속에 '사회에 나가면 필요한 것은 다른 사람과 교류하는 방법이다', '효율적으로 공부하기 위해서는 다른 사람과 협동하는 것이 중요하다'는 것을 언급해 주세요. 그리고 그것을 실현하기 위해서 '학급은 한 사람도 포기하지 않는 팀이다'라는 것을 중요하게 생각해 주세요.

둘째, 이런 이야기를 이해하는 것은 학급의 2할 정도라고 생각해 주세요. 모두가 이해할 수 있는 설명은 있을 수 없다는 것은 이미 말씀드린 대로입니다. 이 2할의 학생들은 성인의 속마음을 간파하는 특기가 있습니다. 그래서 무엇을 이야기하는지는 중요하지 않습니다. 이야기한 후 교사의 언동을 관찰해서 앞에서 이야기한 대로 정말로 그렇게 생각하고 있는지를 탐색합니다. 무섭습니다. 하지만 그 마음이 진심이라면 학생들에게 전해집니다.

셋째, 이처럼 성인의 속마음을 읽는 학생은 공부가 가능한 학생이고, 대인관계도 능숙한 학생일 가능성이 큽니다. 때문에 그 학생에게 전해지면 그 학생이 주위의 학생들에게 전해 줍니다. 그러니 일부러 모두가 이해할 수 있는 표현으로 바꿀 필요는 없습니다.

넷째, 초등학교 1학년의 경우, 위의 첫 번째 주의점에서 언급한 세 가지 핵심 내용을 한 번에 전하는 것은 곤란합니다. 2회 또는 3회 정도로 나누어 전해 주세요.

이상의 것을 참고로 자신의 경험담을 섞어서 각자가 이야기를 만들어 주세요. 또 일본 전국의 다양한 교사의 구체적인 실천 사례를 공개하고 있습니다(http://goo.gl/8U5n5n).

함께 배움의 흐름

함께 배움의 필요성을 이야기했다면 준비한 과제 인쇄물을 나눠 주세요(사전에 주면 예습해 오는 학생도 있으므로 사전에 배부할 것을 권합니다). 이 인쇄물을 노트에 붙이게 하세요. 그리고 수업 종료 5분 전을 정해서 그 시간이 되면 자리에 돌아오도록 지시합니다. 그 사이에는 일어나 돌아다니거나 서로 이야기해도 좋지만 정말로 모두가 과제를 이해하고 과제 달성을 할 수 있게 요구해 주세요.

다음으로 칠판에 준비한 자석 이름표를 붙입니다. 자기가 다 했으면 자신의 이름표를 '달성' 칸에 옮겨 붙이도록 합니다. 이렇게 하면 누가 달성했는지 못 했는지를 알 수 있다는 것을 학생들에게 설명합니다.

여기까지 안내하는 시간이 5분 이내가 되도록 합니다(함께 배움을 시작하는 최초의 수업에서는 꼭 말해야 하는 것이 많으므로 5분으로는 무리라고 생각하지만, 10분을 넘으면 안 됩니다. 길게 설명하면 학생들의 집중력이 떨어집니다).

그리고 "자, 시작하세요"라고 말하고 시작하게 합니다. 교사가 개시를 선언한 후에는 학생들에게 맡깁니다. 아마도 처음에는 시험 때처럼 묵묵

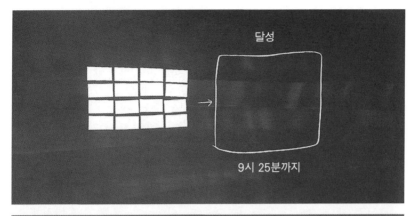

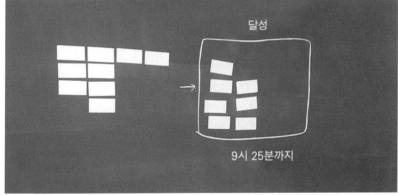

히 문제를 풀고 있을 것입니다.

몰라서 눈을 이리저리 굴리는 학생도 있을 것입니다. 교사는 마음속으로 '친구들에게 물으러 가면 좋지 않을까'라고 생각합니다. 가르쳐 주러 가고 싶은데 주저하는 친구도 있을 것입니다. 이런 경우 어떻게 하면 좋을지는『교사의 말하기』에 나와 있습니다.

정말로 간단한 말 한마디로 분위기가 싹 바뀝니다.

시간이 지날수록 학생들의 활동은 활발해집니다. 그리고 칠판의 자석 이름표 이동으로 학습 진행 정도를 알 수 있습니다.

그런데 학생이 활발하게 서로 가르치고 있을 때 교사는 무엇을 하고 있으면 좋을까요? 이때 교사의 자세는 클럽 활동 감독의 모습 그대로입니다.

클럽 활동에서 감독은 판서하지 않습니다. 발문發問도 하지 않습니다. 그 대신 연습하는 선수들을 멀리서 지켜보고 있습니다. 때로는 격려의 말을 외치기도 하고, 들릴 듯 말 듯하게 혼잣말을 하기도 합니다.

그것과 같습니다. 그 목소리에 응답해 학생들은 점점 더 활발하게 서로 배울 것입니다.

그리고 종료 5분 전이 되면 학생들은 스스로 자리에 되돌아갈 것을 요구합니다. 혹시 되돌아가는 것이 느슨하다면 학생들에게 시간을 지킬 것을 요구하세요. 동시에 교사도 시간에 엄격해지지 않으면 안 됩니다.

예를 들어 과제를 해결하지 못한 마지막 한 사람이 조금만 더 있으면 달성할 것 같다고 하면 무심코 시간을 연장해 주고 싶습니다. 그런데 그렇게 하면 학생들은 시간을 느슨하게 여깁니다. 그러니까 시간을 엄격하게 지켜 주세요.

당연히 그 학생은 달성하지 못한 상태일 것입니다. 하지만 시간을 엄격하게 하면 학생들은 그 시간 내에 끝낼 수 있도록 머리를 쓸 것입니다. 같은 이유로 그 시간 내에 끝내지 못했더라도 다음 시간으로 연장하지 않습니다.

이것 마치 그 학생을 포기한 것처럼 보일지도 모르지만, 정말로 포기하지 않으려면 집단 만들기가 중요합니다. 일시적인 인정에 쏠리지 말고 떨쳐 내기 바랍니다. 실제로 지금까지의 수업에서 학급 학생 전원을 알

게 한 적이 있었는가 생각해 보면 그렇게 하지 않았다는 생각이 들 겁니다.

겉으로는 모두가 이해한 것처럼 보이지만 실제로는 무리라는 것이 자명합니다. 시간을 연장한다면 정말로 전원이 알게 될까요? 그렇게 해도 무리라고 생각합니다.

최후의 몇 사람을 알게 하려면 많은 시간이 걸리고 때로는 시간을 들여도 불가능한 경우가 있습니다. 모두가 이해하기 위해서는 이 최후의 몇 사람이 나도 달성하고 싶다고 생각하지 않으면 안 됩니다. 그처럼 변하려면 주위 친구들의 권유밖에 없습니다.

클럽 활동의 마지막에는 무엇을 합니까? 그날 연습에 임했던 태도를 평가할 것입니다. 그리고 중장기 목표(예를 들어 지역대회)를 확인하고, 지금 무엇을 해야 하는지를 말할 것입니다. 이때 무엇을 말할 것인지는 연습 중인 학생들의 모습을 보면서 생각하겠지요.

그런데 정말로 연습했는지를 확인하려면 몇 명의 학생을 지명해서 공주고받기를 시키거나 타격을 하게 해서 확인합니까? 그렇게 하진 않을 것입니다.

함께 배움의 마지막도 같습니다. 그날 학생들의 모습을 보고 평가합니다. 보통의 수업에서는 교사가 몇 명을 지명해서 확인합니다. 몇 명을 지명할 수 있을까요? 아마 한 손으로 꼽을 수 있을 정도의 인원일 것입니다. 그리고 그 학생들이 달성했다고 해서 전원이 달성했다고 말할 수 있을까요? 확실히 아닙니다.

미니 테스트를 하는 경우도 있지만, 이때는 간단한 몇 문제밖에는 제시할 수 없습니다. 따라서 분명한 것은 전원이 다 맞았다고 하더라도 정말로 전원이 다 이해했다고 말할 수 없다는 점입니다.

함께 배움에서는 정말로 전원이 이해했는지를 평가하고 싶습니다. 정말로 알았는지를 판단하려면 대화가 필요합니다. 대화를 전원이 시행하기 위해서는 학생들이 서로 확인해야 합니다.

교사가 적당히 점검하면 학생들은 점검하는 것은 교사의 일이라고 생각합니다. 그런데 교사는 절대적으로 전원이 정말로 이해했는지를 점검할 수 없습니다. 그래서 집단을 육성할 수밖에 없습니다.

지면 관계상 상세한 것은 앞에서 소개한 『교사의 말하기』 책을 참고하시기 바랍니다. 함께 배움의 수업에서 가장 중요한 사항은 집단은 팀이라는 것을 말하는 것입니다. 이런 말하기는 클럽 활동에서의 고문의 말하기와 완전히 같습니다. 즉, 함께 배움의 수업은 클럽 활동 국어, 클럽 활동 수학, 클럽 활동 과학인 것입니다.

생각해 보세요. 마지막 학년인데 정규 선수가 되지 못한 학생이 있을 때, 이 학생에게 무엇이라 말해서 이해시키겠습니까? 단지 '이기자', '강해지자'라는 말로는 이해하지 못하겠지요.

아마도 팀플레이가 얼마나 중요한지를 말하겠지요. 그리고 팀으로 이기는 것의 의미를 다양하게 말할 것입니다. 이렇게 해서 집단을 성장시킵니다.

초등학교 고학년, 중학교, 고등학교에서는 학급이 팀이라는 의식이 없는 경우도 적지 않을 것입니다. 함께 배움은 어린이를 어른으로 성장시키는 교육입니다. 성인 사회에서 동료는 반드시 친할 필요는 없지만, 협동해서 일할 필요는 있습니다. 그리고 직장 동료가 팀이 되면 그 혜택은 전원에게 돌아갑니다.

마지막으로 중요한 주의 사항이 있습니다.

이 책에서 언급한 대로 실천해 주세요. 필요 이상으로 각색할 필요는 없습니다. 검도를 처음 배울 때는 목검 흔들기부터 시작하고 유도에서는 낙법부터 시작합니다. 이처럼 무슨 일이라도 처음에는 앞선 사람이 만든 것을 순수하게 받아들이는 것이 성공의 지름길입니다.

동료와 합동 함께 배움 시도하기

선생님의 학교에 함께 배움을 시도하고 싶은 분이 있다면, 합동으로 함께 배움을 실시할 것을 권합니다.

실시 방법은 아주 간단합니다. 큰 공간과 이동식 칠판에 과제, 과제의 답, 자석 이름표를 붙여 주세요.

그 이후는 같습니다. 여러 학급이 함께 배움을 같은 공간에서 하는 것일 뿐입니다. 교과와 학년이 달라도 상관없습니다.

의외라고 생각하는 분이 있을지도 모르겠지만, 야구부 선수들이 학교 도서관에 모여서 여름방학 숙제를 하는 모습을 상상해 보시기 바랍니다. 다양한 학년이 섞여 있습니다. 국어 숙제를 하는 학생 옆에서 영어 숙제를 하고 있습니다. 영어 문제를 풀고 있는 학생이 국어 숙제를 하고 있는 학생에게 질문합니다. 이런 모습입니다.

이런 합동 함께 배움에는 여러 가지 이점이 있습니다.

예를 들어 총합학습을 다른 학년과 실시할 경우에는 무척 어렵지만, 합동 함께 배움에서는 과제를 통일할 필요가 없으므로 쉽습니다. 각자 학급의 과제를 같은 장소에서 해결할 뿐입니다.

만일 중학교, 고등학교에서 다른 학년과 합동 함께 배움을 해서 "입시는 단체전이다"라고 말한다면 효과는 절대적입니다. 생각해 보세요. 입시에서 가장 중요한 것은 얼마나 이른 시기에 입시 공부를 시작하는지가 아닐까요? 그래서 교사는 입에서 신물이 나도록 입시 공부를 독려합니다. 그렇게 해도 실제로 실시하는 학생은 많지 않습니다. 하지만 교사가 하는 말을 따르지 않는 학생도 상급생의 힘든 모습을 보고 나면 효과가 있습니다. 틀림없이 상급생으로부터 일찍 시작할 것을 권유하는 말을 들을 것입니다.

　규모가 작은 학교에서는 학년이 한 학급밖에 없는 경우도 있습니다. 이때는 계속 같은 멤버끼리 집단을 형성하게 되겠지요. 그것은 그것대로 안정감이 있지만, 한편으로는 능력 있는 학생이 손을 빼기도 합니다. 손을 빼더라도 톱을 유지할 수 있기 때문이지요. 하지만 진학한 후에 부적응을 일으키는 경우가 생깁니다. 그래서 다른 학년과 공부하면서 뒤죽박죽 복잡한 인간관계를 경험할 필요가 있습니다.

　지방에서는 같은 중학교 학구의 초등학교 고학년이 모여서 활동하기도 합니다. 그 활동은 많아야 일 년에 수차례일 것입니다. 합동 함께 배움은 일 년에 몇 번이라도 어렵지 않게 할 수 있습니다.

합동 함께 배움이 교사에게 좋은 점

합동 함께 배움은 교사에게도 좋은 점이 있습니다.

수학여행에서 학생들을 인솔할 경우를 생각해 보세요. 한 학급을 한 사람의 담임이 인솔하는 것과 두 학급을 두 사람의 담임이 인솔하는 것, 세 학급을 세 사람의 담임이 인솔하는 것 중에서 어느 것이 가장 편리할까요? 세 학급을 세 사람의 담임이 인솔하는 것이 가장 편리할 것입니다.

처음으로 함께 배움을 시도하면 불안한 것이 당연합니다. 이때 합동으로 함께 시도하면 불안감이 줄어듭니다. 문제가 생겨도 같이하는 선생님과 의논할 수 있기 때문이지요. 그리고 함께하는 선생님의 모습을 통해 자신을 객관화시켜 볼 수도 있습니다.

다른 학년의 학급과 합동으로 하면 더욱더 효과가 올라갑니다.

클럽 활동을 복수 학년으로 운영하는 것과 한 학년으로 운영하는 것 중 어느 쪽이 간단할까요? 확실히 복수 학년입니다. 그럼 한 학년으로 하면 어려운 이유는 무엇일까요?

하나의 지시를 철저하게 수행하게 하려면 집단은 소수이고 균질한 쪽이 편합니다. 하지만 집단 자체가 자율적이 되려면 다수이고 다양한 쪽이 편합니다(클럽 활동을 떠올려 보기 바랍니다).

함께 배움의 목표는 집단이 자율적으로 되는 것입니다. 따라서 합동 함께 배움은 한 학년에서 운영하는 것보다 다수 학년에서 하는 것이 훨씬 더 편합니다. 왜냐하면 교사의 지시를 따르지 않는 학생도 상급생의 말은 듣습니다. 그리고 하급생이 있는 곳에서는 상급생은 행동을 바르게 합니다.

다른 학년과 함께 배움을 하면 클럽 활동 그 자체가 됩니다. 그래서 클럽 활동의 경험이 있는 분이라면 그 노하우를 활용하면 좋습니다.

함께 배움은 현재 안테나가 높은 선생님이 선도적으로 시도하고 있습니다. 최종적으로는 학교 전체로 실천해야 합니다. 시도해야지 하고 생각하는 선생님이라면, 합동 함께 배움의 테두리 속으로 들어와서 서서히 학교 전체로 성장시키는 것이 무리 없는 절차일 것입니다. 이런 합동 함께 배움이 가능한 것이 이 책에서 소개하는 함께 배움의 큰 장점입니다.

참여하는 학급이 많아지면 체육관에서 실시해 주세요. 준비는 앞에서 기술한 이동식 칠판 정도로 충분합니다. 학생들은 체육관 바닥에서 공부합니다.

3장

함께 배움 과제 만드는 방법

과제 만드는 방법

함께 배움을 시도하기 직전에 교사가 가장 고민하는 것은 과제 만들기입니다. 이것만 해결하면 그다음은 학생들에게 제시해서 '전원 달성해 주세요'라고 말하면 되기 때문입니다.

지금까지도 출장 때에는 과제를 준비하고 학생들에게 자습시켰던 적이 있었을 것입니다. 간단히 말해, 자습 과제 그대로 해도 좋습니다. 자습을 감독할 때 전원 달성을 요구하고, 앞에서 소개한 자석 이름표를 칠판에 붙이면 그것으로 함께 배움이 됩니다. 이렇게 생각하니 마음이 즐겁지 않습니까?

전국에는 모든 교과의 모든 시간을 함께 배움으로 실천하고 있는 초등학교 선생님이 계십니다. 그리고 자신이 담당하는 시간 모두를 함께 배움으로 실천하고 있는 중학교, 고등학교 선생님도 계십니다. 따라서 어떤 교과의 어떤 단원에서도 함께 배움의 과제는 가능합니다. 그리고 실천 사례도 많습니다.

함께 배움의 과제 만들기에는 다양한 노하우가 있습니다. 이 책에서는 주 1회 정도의 실천으로 특화하고 있기 때문에 그중에서 일부를 소개합니다.

많은 함께 배움 수업에서 학습 목표 달성을 위해 최적화된 정선된 과제를 만듭니다. 그런데 그런 과제를 계속해서 만드는 것은 곤란합니다. 많아야 일 년에 몇 차례 연구발표회 때에나 우리 학교는 함께 배움을 실천하고 있다는 것을 보여 주기 위해 사용하는 정도입니다.

차기 학습지도요령의 자문에 나타난 바와 같이, 모든 교과의 교과 지도 전반에 액티브 러닝을 실시할 것을 요구하고 있습니다. 때문에 정선된 과제로는 지속할 수 없습니다.

과제 만들기의 노하우에는 발상의 전환이 필요합니다. 그렇지만 어렵지 않고 일반적인 이야기입니다. 보통 수업의 문제를 활용할 수 있습니다.

이 장에서는 교육동인사敎育同人社의 평가 문항을 예시로 사용하겠습니다. 교육동인사 홈페이지에서는 이 책에서 소개하는 함께 배움의 과제를 무료로 다운받을 수 있습니다(https://manabiai.djn.co.jp/).

또 초등학교 사례를 중심으로 하고 있지만 중학교, 고등학교에서도 응용할 수 있습니다.

평가 문항으로 과제를 만들다

당연한 것을 확인해 봅시다.

수업에는 목표가 있습니다. 목표가 없다면 그것은 놀이입니다. 그 목표를 실현하기 위해 수업이 있고, 날마다의 과제가 있습니다. 그리고 그 목표는 평가를 받습니다. 구체적으로는 시험 문제로 평가합니다. 즉, '목표=과제=평가(문항)'가 되는 것입니다. 그런데 실제로 그렇게 하고 있을까요?

예를 들어 수업에서는 문학 작품의 독해 심화에 시간을 들여 공부했는데도, 평가에서는 한자 쓰기나 기초적인 문법을 묻는 문항이 대부분이라면 안 되겠지요. 혹시 교사가 학습지도요령에 기초해서 심화된 독해를 학습시키고 싶다면 수업 시간의 비중에 맞춘 평가 문항을 출제해야 합니다. 하지만 그렇게 하려면 상당한 시간이 필요합니다.

실제로 수업 시간에 공부한 내용과 평가를 일치시키려면 최종적인 평가의 내용을 확실히 점검해야 합니다. 초등학교의 경우 업자가 만든 평가를 사용하는 일이 많으므로 그렇게 해도 괜찮습니다. 중학교, 고등학교라면 처음 수업할 때 정기 평가의 문제를 만들어야 합니다.

"어?" 하고 생각하시는 분도 있을지 모르겠습니다. 제가 고등학교 교사였을 때, 자료를 기초로 날마다의 수업 짜기도 힘들었기 때문에 전체적인 모습을 구성할 여유가 없었습니다. 그래서 수업은 수업대로 하고 평가는 평가 직전이 되어서야 '그런데 어떤 문제를 낼까?'라고 생각했습니다. 이런 식으로 하면 앞에서 언급한 국어의 사례와 같은 일이 발생합니다.

목표를 명확하게 정하는 것은 어렵지만, 평가 문항을 보고 목표를 명확하게 하는 것은 가능합니다(조작적 정의라고 합니다). 이렇게 하면 '목표＝과제＝평가'라는 지극히 당연한 원리 원칙을 지킬 수 있겠지요.

학생과 보호자에게 공부는 평가에서 점수를 획득하는 것이기도 합니다. 평가에서 결과가 나오지 않으면 '사기'라고 생각하더라도 어쩔 수가 없습니다. 수업 시간에 공부한 과제와 평가가 일치하는 것은 학생이나 보호자로부터 신뢰받는 기본 조건의 하나입니다.

물론 평가로 측정할 수 없는 학력도 있습니다. 하지만 그런 학력은 학급의 모든 학생이 평가로 측정할 수 있는 정도의 학력을 획득한 다음의 이야기입니다.

적절한 과제 분량

함께 배움의 과제는 자습 과제를 만든다고 생각하면 간단할 것입니다. 누구나 만들어 본 경험이 있기 때문이지요. 자습 과제는 선생님이 출장으로 부재중이기 때문에 과제를 보충하거나 추가할 수 없습니다. 나눠 준 인쇄물을 가지고 학생들이 오해 없이 과제를 해결해야만 합니다. 그래서 과제는 단순해야 합니다. 심화한 독해 문제처럼 알쏭달쏭한 과제를 주어서는 안 됩니다.

물론 자습 과제와의 차이도 있습니다. 바로 분량입니다. 자습 과제는 많은 학생이 작업을 계속할 것으로 생각하고 분량을 정합니다. 그러나 함께 배움에서는 그처럼 많은 양의 과제를 제시하면 학생들이 각자의 '쓰기'에 시간을 빼앗겨서 협동할 수 없습니다.

기준은 학급에서 과제 해결이 혼자서도 가능한 학생 5명 정도가 수업 시간의 4분의 1 정도로 해결할 수 있는 수준의 과제입니다. 이 중에는 학원이나 방송 교재로 학습 내용을 알고 있는 학생이 많겠지요. 또한 학교나 과목을 불문하고 대부분의 선생님이 수업 수준을 중위 또는 중하위에 맞추어 진행하고 있을 것입니다. 따라서 위의 학생들은 힘이

남을 것입니다. 그래서 그 정도의 시간에 과제를 끝낼 수 있을 만한 분량이 적당합니다.

　과제를 끝낸 5명은 주위의 학생들을 가르칠 것이고, 수업 후반으로 접어들면 10명이 과제를 끝냈을 것입니다. 이 10명이 주위의 학생들을 가르치고, 수업 시간의 4분의 3 정도가 되면 20명이 과제를 해결했을 것입니다. 그리고 이 학생들이 나머지 학생들을 가르칩니다. 간단히 설명하면 이해한 학생이 배의 배로 증가해 갑니다.

　과제 만들기의 핵심은 가능한 한 질은 떨어뜨리지 않고 양은 줄이는 것입니다. 아무리 공부를 잘하는 학생이라도 쓰는 데 걸리는 시간은 큰 차이가 없습니다. 때문에 간단한 문제를 많이 내주면 이 학생이 완료하기까지 시간이 걸립니다. 결과적으로 주위의 친구를 가르치는 시간이 늦어집니다. 이렇게 되면 급격하게 효율이 낮아집니다.

　혹시 분량을 추정하기 힘든 경우에는 실제로 문제를 풀어 보시기 바랍니다. 글자를 쓰는 속도가 느린 초등 저학년이라면 교사가 풀어서 5분에서 8분 걸리는 정도가 적당합니다. 초등학교 중, 고학년은 12분, 중·고등학교의 경우 한 차시가 50분이라면 15분 내에 교사가 풀 수 있는 양이 기준입니다.

수학 교과의 과제

그럼 바로 과제를 만들어 봅시다.

과제 만들기가 가장 간단한 것은 수학입니다. 교과서 문제를 그대로 사용할 수 있기 때문입니다.

구체적으로 설명하겠습니다. 초등학교, 중학교의 경우 매회 진도는 교과서로 2페이지 정도일 것입니다. 그 페이지의 문제를 모두 해결하는 것이 표준적인 과제입니다. 함께 배움에서는 그중에서 가장 핵심이 되는 문제를 한 개 선택해서, 그 문제 해결 방법을 모두가 이해할 수 있게 설명해 보라는 과제를 부여합니다.

그 설명의 분량은 사전에 교사가 써 보아서 그 글자 수의 1.5배를 넘지 않도록 지시합니다. 이런 제한이 없으면 성실한 학생 중에는 아주 길게 쓰는 경우도 있을 수 있기 때문입니다. 그러면 주위의 친구들과 교류하는 시간이 없어집니다.

이제 학생들에게 답을 다 썼으면 세 사람에게 설명할 것을 요구합니다. 초등학교 고학년 이상이라면 두 사람씩 붙어 다니는 경향이 두드러집니다. 그래서 다른 친구에게 설명하라고만 하면 단짝끼리 설명하고 끝내 버리기 때문입니다. 그렇게 되지 않도록 세 사람으로 해 주시기 바랍니다.

이상의 것을 정리하면 과제 만들기의 흐름은 다음과 같습니다.

① 교과서 ○페이지부터 ○페이지의 문제를 모두 해결한다.
② 문제 ○번의 해결 방법에 대한 설명을 모두가 알 수 있게 ○글자 이내로 쓴다. 학급의 다른 사람에게 그대로 설명해서 이해했다는 사인을 받는다. 이해하지 못했다면 그 까닭을 듣고 설명을 고친다. 다시 설명해 이해했으면 세 사람의 사인을 받는다.
③ 이상을 학급 전원이 달성하도록 한다.

먼저 달성한 학생이 주위 친구에게 설명합니다. 그 설명을 들었던 학생도 설명할 수 있습니다. 그리고 답은 교탁에 놓아둡니다. 수학의 경우 교사용 지도서를 놓아두면 좋습니다. 서술형 문제의 경우 교사가 사전에 작성한 답을 놓아두면 됩니다. 먼저 문제를 해결한 학생이 답을 맞혀 보면 자신 있게 가르칠 수 있습니다.

처음부터 그대로 베끼는 학생은 경험상 없었습니다. 혹시 그런 학생이 있다면 『교사의 말하기』 책을 참고하기 바랍니다(함께배움연구회에 한국의 실천 사례가 있음-옮긴이).

코난 유형에서 후루하타 유형으로

수학의 예를 설명했지만, 다른 교과도 모두 같습니다.

그렇지만 국어처럼 수학과 달리 확실한 정답이 없는 경우에는 어떻게 하면 좋을까 생각하는 분도 있을 것입니다.

문제없습니다. 왜냐하면, 국어도 평가는 하겠지요. 평가 문항에는 정답이 있습니다. 따라서 평가 문항을 사용하면 과제를 만들 수 있습니다. 초등학교라면 아래와 같은 문제입니다.

(1) 모두는 무엇을 뽑으려고 하나요? (무)

(2) 할아버지를 당기고 있는 사람은 누구인가요? (손자)

(3) 모두는 어떤 말을 외치면서 당겼습니까? (영차)

(4) 윗글의 □에 들어갈 알맞은 말을 아래에서 찾아 ○표 하시오.

( ) 좀처럼 ( ) 아직 (○) 드디어

(5) 모두가 당겼더니 무는 어떻게 되었습니까? (빠졌습니다)

_1학년 '커다란 무'에서

형사 드라마나 탐정 드라마는 크게 나누어 두 가지 유형이 있습니다. 하나는 범인이 누구인지 모른 채 서서히 주인공이 범인을 밝혀 나가는 유형입니다. 대표적인 것이 〈명탐정 코난〉입니다. 이것을 코난 유형이라고 부르겠습니다. 다른 하나는 범인을 알고 있고 그것을 주인공이 추적하여 범인이라는 것을 증명하는 유형입니다. 〈후루하타 닌자부로古畑任三郎〉가 대표적입니다. 이 유형을 후루하타 유형이라고 부르겠습니다. 함께 배움에서는 후루하타 유형으로 과제를 만듭니다.

현재 일본의 2~3할 이상의 학생들은 학원, 통신 교재, 가정교사를 통해 교육을 받고 있습니다. 이 학생들은 범인을 알고 있습니다. 그래서 교사가 범인 찾기를 시켜도 흥미나 관심을 끌 수 없습니다. 또 깊게 생각하지도 않습니다. 따라서 범인 찾기는 효과적이지 못합니다.

그런데 1번의 답이 '무'라는 것을 알고 있는 학생도 왜 '무'인지 자세히 살펴보지 않는다면 설명할 수 없겠지요. 드라마에서 후루하타 닌자부로도 범인이 누구인지 알고는 있지만, 그것을 증명해야 합니다. 그래서 후루하타 유형으로 수업하면 학급의 모든 학생이 모르는 상태가 됩니다.

혹시라도 '처음부터 답을 가르쳐 주면 아무것도 생각하지 않는 것은 아닌가?'라고 걱정하시는 분도 있겠지만, 그런 문제가 일어나지 않게 하는 대책도 확립되어 있습니다. 하지만 이 책은 주 1회 정도로 한정된 함께 배움이기 때문에 '그런 과제도 간혹 있겠구나!' 정도로 알아 두시기 바랍니다.

자, 화제로 돌아갑시다. 먼저 1번을 생각해 봅시다. 이 문제의 정답을 기대하는 비율은 95%입니다. 거의 모두가 정답을 알고 있습니다. 하지만 모르는 학생도 5% 있습니다. 이 경우 모르는 학생이 왜 모르는지를 생각하게 하고, 그 학생을 알게 하려면 어떤 설명을 하는 게 좋을까를 생각하게 합니다. 구체적으로 다음과 같은 과제를 생각해 볼 수 있습니다.

> 모두가 뽑으려고 하는 것은 '무'입니다. 혹은 '커다란 무'입니다.
>
> 그렇게 생각하는 사람도 있고, 다르게 생각하는 사람도 있습니다. 또 모르는 사람도 있습니다. 다양한 사람과 서로 이야기해서 상대방의 마음이 되어 생각해 봅시다.
>
> 그리고 어떻게 설명하면 '무'가 답이라고 모두가 이해하게 될까요?
>
> 각각 써 보세요.

학생들 응답의 타당성을 어떻게 점검하면 좋을까요? 보통 수업에서는 선생님이 점검합니다. 그렇게 하면 학생들은 선생님 마음에 드는 답을 찾게 되고 틀렸던 사람의 생각을 소홀히 생각해 버립니다. 그리고 교사 의존적으로 되어 버립니다.

결과적으로 학생들은 "이렇게 하면 돼요?", "이것이 맞나요?"라고 물으러 옵니다. 교사는 점검하면서 길게 설명합니다. 결국 교사 앞에는 긴 줄이 생기겠지요. 이 긴 줄에 서 있는 시간은 낭비입니다.

이렇게 되지 않으려면 학생이 점검해야 합니다. 학생에게 맡겨서 괜찮을까 생각하시겠지만 괜찮습니다. 확실히 점검할 수 없는 학생도 있지만

2~3할의 학생은 점검할 수 있습니다. 30명 학급이라면 6명 정도의 학생은 점검 가능합니다. 그리고 이 학생들이 점검할 때 다른 사람에게 설명할 기회를 얻습니다. 이런 활동이 학생들에게 배움이 된다는 것은 학습 피라미드(학습 효율성 연구에서 서로 가르치기의 효과는 듣기 위주의 강의보다 18배 높다는 연구 결과-옮긴이)를 인용하지 않더라도 이해하실 것이라 생각합니다.

따라서 "학급 친구에게 설명해서 그 친구가 이해하면 사인을 받습니다. 이해하지 못하면 왜 이해하지 못하는지 그 까닭을 듣고 설명을 고쳐서 해 주세요. 세 사람에게 사인을 받아 주세요. 학급 전원이 세 사람의 사인을 받으세요"라고 말하면 됩니다.

사인은 세 사람 정도가 타당합니다. 더 많으면 배우는 학생이 설명할 상대가 많아져 시간이 부족하게 됩니다. 그리고 또 한 가지, 함께 배움에서는 한 사람도 포기하지 않는 것이 중요합니다. 이상을 정리하면 과제는 다음과 같이 됩니다.

모두가 뽑으려고 하는 것은 '무'입니다. 혹은 '커다란 무'입니다.
그렇게 생각하는 사람도 있고, 다르게 생각하는 사람도 있습니다.

또 모르는 사람도 있습니다.
다양한 사람과 서로 이야기해서 상대방의 마음이 되어 생각해 봅시다.

그리고 어떻게 설명하면 '무'가 답이라고 이해하게 될까요?

(1) 왜 틀리거나 모르게 될까요?
(2) 그 사람에게 어떻게 설명하면 알게 될까요?
각각 써 보세요.

학급 친구에게 설명해서 인정받으면 사인을 받습니다. 인정하지 않으면 왜 인정하지 않는지 그 까닭을 듣고 설명을 고쳐서 다시 설명하세요. 그리고 그것을 인정받으면 사인을 받습니다. 세 사람의 사인을 받아 주세요.

학급 전원이 세 사람의 사인을 받아 주세요.

1~5번 중의 4번은 선택 문제입니다. 이런 문제는 후루하타 유형으로 과제를 만듭니다.

예를 들면, "'( ), 무는 빠졌습니다.' 여기에서 괄호 안에 들어갈 알맞은 말은 '드디어'입니다. '좀처럼'이나 '아직'은 아니라는 것을 모두가 이해할 수 있도록 설명을 써 주세요"라는 과제가 됩니다. 그 이후는 앞과 같습니다. 결과적으로 과제는 다음과 같이 됩니다.

"( ), 무는 빠졌습니다"에서 괄호 안에 들어갈 알맞은 말은 '드디어'입니다. '좀처럼'이나 '아직'은 아니라는 것을 모두가 이해할 수 있도록 설명을 써 주세요.

　학급 친구에게 설명해서 인정받으면 사인을 받습니다. 인정하지 않으면 왜 인정하지 않는지 그 까닭을 듣고 내용을 고쳐서 다시 설명하세요. 그리고 그것을 인정받으면 사인을 받습니다. 세 사람의 사인을 받아주세요.

　학급 전원이 세 사람의 사인을 받아 주세요.

그리고 다음을 추가하는 것도 가능합니다.

(　　) 속에 '좀처럼'을 넣는다면 "무는 빠졌습니다"는 어떻게 되는지 써 주세요.

(　　) 속에 '아직'을 넣는다면 "무는 빠졌습니다"는 어떻게 되는지 써 주세요.

최종적으로 정리하면 다음과 같습니다.

　① "(　), 무는 빠졌습니다"에서 괄호 안에 들어갈 알맞은 말은 '드디어'입니다. '좀처럼'이나 '아직'은 아니라는 것을 모두가 이해할 수 있도록 설명을 써주세요.

　학급 친구에게 설명해서 인정받으면 사인을 받습니다. 인정하지 않으면 왜 인정하지 않는지 그 까닭을 듣고 내용을 고쳐서 다시 설명하세요. 그리고 그것을 인정받으면 사인을 받습니다. 세 사람의 사인을 받아주세요.

학급 전원이 세 사람의 사인을 받아 주세요.

② (　) 속에 '좀처럼'을 넣는다면 "무는 빠졌습니다"는 어떻게 되는지 써 주세요.

③ (　) 속에 '아직'을 넣는다면 "무는 빠졌습니다"는 어떻게 되는지 써 주세요.

학급 전원이 ①, ②, ③을 완성해 주세요.

학생들에게 자유롭게 이야기하게 하면 어느 방향으로 화제가 갈지 알 수 없습니다. 하지만 후루하타 유형으로 과제를 만들면 핵심에서 벗어나지 않을 것입니다. 교사가 확실히 확인해야 할 것은 최종 목표입니다.

단순한 기능을 요구하는 문제의 과제

  아래 그림은 초등학교 1학년 최초의 학습 문제입니다. 이처럼 단순한 기능 문제인 경우 자신이 무엇을 기준으로 정답으로 할 것인지, 즉 이 학습에서 무엇을 요구할 것인지를 확실히 하는 것이 중요합니다.

그림에 맞는 말을 쓰시오.

학습지도요령에 의하면, 1학년 또는 2학년의 'A 말하기·듣기', 'B 쓰기', 'C 읽기'의 어휘의 특징과 규칙에 관해서는 다음과 같이 기재되어 있습니다.

나. 어휘의 특징과 규칙에 관한 사항

(가) 어휘에는 사물事物의 내용을 나타내는 기능과 경험한 것을 전달하는 기능이 있다는 것을 알 것.

(나) 음절과 문자의 관계, 악센트에 의한 말의 의미 차이 등을 알 것.

(다) 어휘에는 의미에 따른 어구라는 덩어리가 있다는 것을 알 것.

(라) 장음, 요음拗音, 촉음, 발음撥音 등의 표기가 가능하고, 조사 '는', '에', '을'을 문장 속에서 바르게 사용할 것.

(마) 구두점을 찍는 방법과 괄호(「 」)의 사용 방법을 이해해서 문장 속에서 사용할 것.

(바) 문장 속의 주어와 술어 관계에 주의할 것.

(사) 경어체로 쓰인 문장에 익숙할 것.

여기서 (라) 장음의 표기를 알기 위한 과제를 만들어 봅시다.

준비물로 어머니(오카-상), 형(오니-상), 풍선(후-센), 누나(오네-상), 아버지(오토-상)가 세로로 쓰인 종이를 몇 장 인쇄합니다. 문자의 서체나 크기, 굵기는 앞의 그림과 같은 정도로 합니다. 색은 분홍과 노랑으로 인쇄합니다. 그리고 이 다섯 개의 단어를 쓸 수 있는 윤곽선이 들어 있는 인쇄물을 준비합니다. 이것들을 교탁에 놓습니다.

선생님이 책상에 인쇄물을 준비해 두었습니다.

그것을 사용해서 학급 친구 모두가 길게 나는 소리의 글자를 쓸 수 있도록 합시다.

[연습할 말]

오카-상, 오니-상, 후-센, 오네-상, 오토-상

1학년에게는 글자 공부를 하면서 쓰기에 관한 '(가) 자세와 필기구 잡는 방법을 바르게 하고 글자 모양에 주의하면서 정성껏 쓸 것'(학습지도 요령)이라는 관점도 소중히 하고 싶겠지요. 이것을 기초로 한 과제를 다음과 같이 추가하는 것도 가능합니다.

학급 친구에게 다음 두 가지를 살펴보라고 하세요.

① 연필을 바르게 잡는다.

② 정성껏 쓴다.

친구가 잘했다고 하면 그 친구의 이름을 쓰게 합시다.

학급 전원이 (각자) 세 사람에게 이름을 받게 합시다.

초등학교 저학년에서는 두 가지 이상의 과제를 제시하는 것에 저항감이 있는 분도 있다고 생각합니다. 하지만 학급에는 두세 개의 과제를 제시해도 그것을 이해할 수 있는 어린이가 두세 명은 있을 것입니다. 함께 배움을 실시하면 전원이 과제를 이해하고, 전원이 과제를 달성하는 것이 가능합니다.

안심하시기 바랍니다. 가정에서 보호자가 열심히 가르치고 있는 학생이 학급의 2~3할은 있습니다. 이 학생들이 부모의 어투를 흉내 내면서 설명할 것입니다.

한자 쓰기, 연호의 암기 등 단순히 암기하는 것을 요구하는 경우도 적지 않을 것입니다. 이 경우에는 암기할 것을 정리한 암기 목록을 제시합니다. 그리고 테스트에서 전원이 만점을 맞기 위한 암기 방법을 찾도록 하고 서로 문제를 내서 확인하는 것을 권장해 주세요.

이런 방법은 이전에도 해 보신 적이 있을 것입니다. 함께 배움은 세 가지 점에서 차이가 있습니다.

첫째, 맡기는 시간입니다.

보통 암기를 중심으로 하는 활동을 시키는 경우에 학생들에게 맡기는 시간은 10분 정도입니다. 그런데 함께 배움에서는 수업의 대부분을 차지합니다. 그 정도로 맡기기 때문에 단순한 암기라 하더라도 학생은 창의적인 암기 방법을 고안하고, 전원 달성하기 위해서 필사적으로 행동합니다. 5~10분의 활동에서는 그와 같은 일이 일어나지 않습니다.

둘째, 테스트 결과의 해석이 다릅니다.

결과에서도 전원 달성을 추구하는 것입니다. 평가에서는 만점을 받는 학생도 있고 거의 못 푸는 학생도 있습니다. 지금까지는 그것을 어떻게 생각했습니까?

잘한 학생은 훌륭하고 못한 학생은 열등하다는 틀로 보아 오지 않았습니까? 즉, 개인의 문제로 해석했습니다. 이런 시각은 함께 배움이 아닙니다. 그 핵심은 뒤에 나오는 '사람으로서 옳은가를 묻다'에서 구체적으로 설명하고 있습니다. 함께 배움에서는 단순한 암기 작업도 함께 하고 그 결과도 함께 묻습니다.

셋째, 종래의 수업에서는 이와 같은 암기 작업의 경우 그 직후에 확인 테스트를 실시합니다. 하지만 함께 배움에서는 단원평가나 정기평가에 출제합니다. 이유는 지금까지 기술한 바와 같이 교사가 점검하지 않고 학생들끼리 점검하기 때문입니다. 그리고 충분한 활동 시간을 학생에게 주었기 때문입니다. 함께 배움의 목표가 암기가 아닌 서로 확인하는 학생 집단 육성이기 때문입니다.

암기와 선택 문제의 과제

1. 한자를 읽을 때의 소리를 쓰시오.

① 視點(   )을 바꾸다

② 前夜(   )에 생긴 일

③ 疑問(   )이다

④ 出勤(   )하다

2. 한자를 쓰시오.

① (화)가 나다   ② 밤의 (모습)

③ 담임   ④ 익일

3. 한자가 포함된 알맞은 말을 쓰시오.

① 이가 (아프다)   ② (위험한) 장소

4. 괄호에 들어갈 알맞은 말을 아래 [   ]에서 찾아 쓰시오.

① 주의를 받아 어깨를 (   ). ② 감기로 목소리가 (   ).

③ 작은 목소리로 (   ).   ④ 꽃 향기가 (   ).

[중얼거리다, 움츠리다, 감돌다, 잠기다, 토라지다]

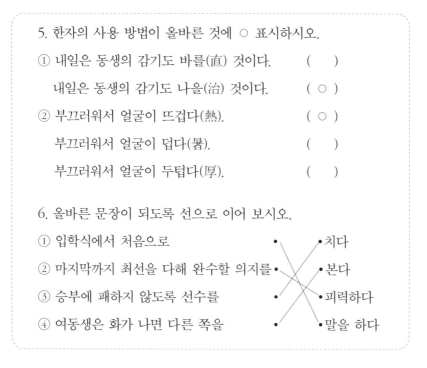

5. 한자의 사용 방법이 올바른 것에 ○ 표시하시오.

① 내일은 동생의 감기도 바를(直) 것이다.　　　(　　)

　내일은 동생의 감기도 나을(治) 것이다.　　　(○)

② 부끄러워서 얼굴이 뜨겁다(熱).　　　　　　(○)

　부끄러워서 얼굴이 덥다(暑).　　　　　　　(　　)

　부끄러워서 얼굴이 두텁다(厚).　　　　　　(　　)

6. 올바른 문장이 되도록 선으로 이어 보시오.

① 입학식에서 처음으로　　　　　　　　　•　　　•치다

② 마지막까지 최선을 다해 완수할 의지를•　　　•본다

③ 승부에 패하지 않도록 선수를　　　　　•　　　•피력하다

④ 여동생은 화가 나면 다른 쪽을　　　　　•　　　•말을 하다

　위의 문제는 6학년 '카레라이스'의 평가 문항입니다. 1번부터 3번 문제를 포함하여 더 많은 문제가 들어간 과제를 준비합니다. 과제는 다음과 같습니다.

• 선생님이 준비한 학습지를 전원이 100점을 맞도록 합니다.
• 준비된 사람은 문제를 해결하고 채점하시오.
• 100점이 될 때까지 반복 연습합니다.
• 학급 친구 모두가 알게 되도록 서로 점검하거나, 외우는 방법을 알려 주거나 합니다.

문제 4번은 다음과 같은 과제로 합니다.

1. '움츠리다', '잠기다', '중얼거리다', '감돌다' 네 개의 단어를 사용한 예문을 각각 한 개씩 만듭니다. 단, 학급의 다른 친구와 전부 같은 것은 안 됩니다. 이를 위해 다른 사람의 문장을 점검해서 완전히 같으면 조금이라도 고쳐 주세요.

2. 네 개 단어의 의미에 대한 설명을 각각 쓰시오. 그리고 다른 사람에게 설명해서 인정을 받았으면 사인을 받습니다. 인정하지 않으면 왜 인정하지 않는지 그 까닭을 듣고 자신의 설명을 고쳐서 다시 설명합니다. 세 사람의 인정 사인을 받습니다.

학급 전원이 나만의 문장을 만들고 세 사람의 인정 사인을 받아 주세요.

5번, 6번의 문제도 4번과 같은 형식으로 하면 됩니다.

중학교나 고등학교의 사회과에는 도표를 몇 개 제시해, 위의 도표에서 알 수 있는 사실로부터 얻은 결론은 무엇일까를 묻는 자료 독해 과제도 있습니다. 이 경우에는 그 제시문을 학생들에게 제공합니다. 그리고 과제는 '표 1~4로부터 도출할 수 있는 결론은 선택지 중에서 A와 D임을 모두가 이해할 수 있는 설명문을 쓴다'라는 식으로 과제를 만듭니다. 이 방법도 후루하타 유형입니다.

그 후에 사인을 받는 것부터는 앞에 기술한 것과 같습니다.

독해력을 묻는 문제의 과제

다음 문제들은 6학년 국어 '카레라이스'의 평가 문항입니다. 6학년이지만 과제의 구성은 1학년과 동일합니다.

4. 내가 어머니와 둘이서 먹었던 카레라이스의 일을 듣고 아버지의 얼굴은 어떤 얼굴이 되었습니까?

(깜짝 놀란 얼굴이 되었다.)

5. '아버지는 아무것도 몰라'라고 생각한 나의 마음을 나타내는 단어를 두 개 쓰시오.

(어이없다)   (지긋지긋하다)

6. 아버지가 기쁜 듯이 몇 번이나 끄덕였던 것은 왜일까요? 알맞은 것 하나에 ○ 표시하시오.

(   ) 히로시와 대화하는 것이 가능해서

(○) 히로시의 성장을 알아차렸기 때문

( ) 더 이상 단 것을 먹지 않아도 좋기 때문

7. 본문의 밑줄 친 곳에서 나는 아버지의 어떤 기분을 알고 기뻐
했습니까?

(예시) 나의 성장을 알아차리고 기뻐해 주는 아버지의 기분을
알고 기뻤다.

예를 들면, 4번은 다음과 같은 과제가 됩니다.

'내가 어머니와 둘이서 먹었던 카레라이스의 일을 듣고 아버지의
얼굴은 어떤 얼굴이 되었습니까?'의 답은 '깜짝 놀란 얼굴'입니다.
하지만 답이 틀렸거나 이해하지 못하는 사람도 있습니다.

그 사람이 왜 틀렸거나 이해하지 못했을까요?

그 사람의 마음이 되어 생각해 봅시다.

그리고 어떻게 설명하면 '깜짝 놀란 얼굴'이 답이라는 것을 알
수 있겠습니까?

1. 왜 틀리거나 이해하지 못하는 것일까요?

2. 그 사람에게 어떻게 설명하면 이해할 수 있을까요?

각각 써 주세요.

5번 문제도 위의 형식과 같게 하면 된다는 것을 이해하시리라 생각합니다. 또, 선택형인 6번은 1학년의 과제와 같은 형식이 됩니다.

아버지가 기쁜 듯이 몇 번이나 끄덕인 이유는 '히로시의 성장을 알아차렸기 때문'이고, '히로시와 대화하는 것이 가능해서'와 '더 이상 단 것을 먹지 않아도 좋기 때문'은 아니라는 것을 모두가 이해할 수 있도록 설명하는 글을 쓰시오.

전문 용어를 묻는 문제의 과제

전문 용어를 묻는 문제가 있습니다. 예를 들면, 사진에 게재된 것은 초등학교 3학년 과학의 '곤충을 기르자'는 단원의 문제입니다.

1. 배추흰나비를 기르는 방법입니다.

① 커 가는 순서대로 2, 3, 4 번호를 써 봅시다.

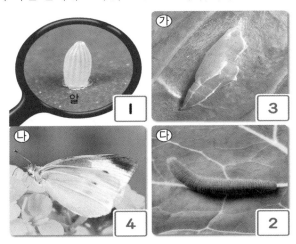

② 가, 나, 다를 무엇이라고 부릅니까?

　　㉮ (번데기)　　㉯ (성충)　　㉰ (애벌레)

이와 같은 문제도 후루하타 유형으로 만듭니다. 여기에서는 알, 애벌레, 번데기, 성충의 성장 순서와 그것을 사진으로 각각 제시하고 있습니다.

그래서 다음과 같은 과제를 생각할 수 있습니다.

배추흰나비는 알, 애벌레, 번데기, 성충의 순서로 자랍니다.

1. 모두가 알, 애벌레, 번데기, 성충을 구별할 수 있도록 설명하는 글을 쓴다.

2. 배추흰나비는 알, 애벌레, 번데기, 성충의 순서로 자라는 것을 모두가 이해하고 외울 수 있도록 설명하는 글을 쓴다.

다음 문제입니다.

2. 배추흰나비의 몸의 구조입니다.
① 가, 나, 다의 이름을 써 봅시다.

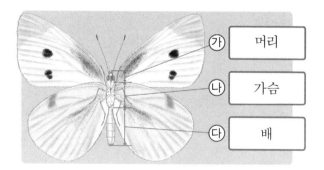

② 다리는 어디에 몇 개 붙어 있습니까?

(가슴)에 (6개) 붙어 있다.

③ 나비와 같은 몸의 구조로 되어 있는 것을 무엇이라고 합니까?

(곤충)

이 문제의 핵심은 머리, 가슴, 배의 세 부분을 알고 있는지와 가슴에 6개의 다리가 붙어 있는 것을 알고 있는지 여부입니다.

따라서 후루하타 유형으로 과제의 처음에 이것을 제시하고 그것을 모두가 이해하는 과제로 하면 좋습니다. 구체적으로는 다음과 같이 됩니다.

머리, 가슴, 배의 세 부분으로 구분되어 있고 가슴에 6개의 다리가 붙어 있는 것이 곤충의 특징입니다.

이것을 학급 친구 모두가 이해할 수 있도록 설명하는 글을 써 주세요. 단, 설명에서 곤충인 배추흰나비와 곤충이 아닌 지렁이, 지네, 거미의 몸의 차이를 머리, 가슴, 배, 다리라는 단어와 그림을 사용해 설명해 주세요.

위와 같이 괄호에 알맞은 단어를 넣는 형태의 문제는, 그 단어를 다른 사람에게 설명하는 과제를 제시하면 저절로 그 단어를 이해하게 됩니다. 우리는 학생들이 자유롭게 서로 질문할 수 있는 상태에서는 무엇을 궁금해하는지를 조사했습니다. 학생들은 어떤 질문을 했을까요?

교과 선생님들이 모인 모임에서는 '사회 인식이란 무엇인가?', '깊이 읽기란 무엇인가?'와 같은 것들이 논의되겠지요. 그런데 학생들의 대화 속에서는 이와 같은 수준의 토의는 거의 찾아볼 수 없었습니다. 그전에 매우 단순한 단어의 뜻을 이해하지 못하는 경우가 많기 때문입니다.

예를 들어, 사회과 수업에서 학생들 간의 대화를 분석해 보면 "국도國道는 길이니?"와 같은 수준의 대화가 많은 부분을 차지합니다.

처음에는 이런 결과를 접했을 때 "어?" 하고 놀랐습니다. '나라國의 길道이라고 써서 국도니까 길이라는 것은 당연하지 않은가? 어째서 그런 것을 모를 수 있지?'라는 생각이 들어 학생들의 반응이 이해가 되지 않았습니다.

여러분은 도쿄의 우에노上野라는 지명을 알고 있겠지요. 사이고 다카모리(정치가-옮긴이) 동상이 있고 판다 곰이 있는 우에노 말입니다.

그런데 우에노는 들판野原입니까? 당연히 아니지요. 하지만 '상(上, 우에)과 야(野, 노)라고 써서 상야(上野, 우에노)니까 들판이 틀림없지 않아? 어째서 그런 것도 모르지?'라고 아연해하고 있는 사람이 있다면 어떻게 생각하겠습니까?

많은 어린이, 특히 교사가 가르치기 힘든 어린이는 일상 회화에 나오는 단어 이외의 것을 알 기회가 거의 없습니다. 그 결과 일상 회화에 쓰이지 않는 어휘는 이해하지 못하는 것입니다.

다시 교과서를 살펴봐 주시기 바랍니다.

한자 및 가타카나(외국어를 표기하는 일본 글자-옮긴이)로 쓰인 어휘 대부분은 일상 회화에 나타나지 않습니다. 생각해 보세요. 초·중학교 학생들이 일상 회화에서 '국도'라는 어휘를 사용할까요?

결과적으로 지금까지 교사가 만든 과제는 많은 학생에게 프랑스어나 독일어로 쓰인 것과 같았을 것입니다. 그리고 그것을 사용한 수업은 교사가 프랑스어나 독일어로 설명하는 수업과 같습니다.

아무리 멋진 과제나 수업이라도 뜻을 모르는 말로 이야기한다면 이해하지 못하겠지요.

이유를 묻는 문제의 과제

계속해서 아래 문제를 살펴보시기 바랍니다.

1. 배추흰나비를 길러 봅시다.

구멍

① 왜 뚜껑에 구멍이 뚫려 있을까요?

(공기)가 들어갈 수 있도록 하기 위해

② 각각 알맞은 쪽에 ○ 표시하시오.

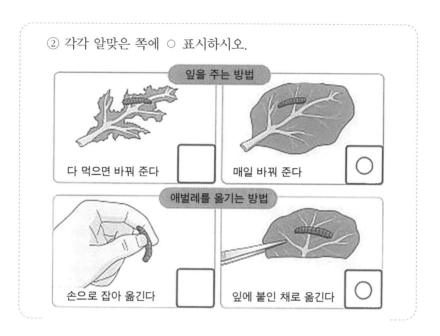

①번은 설명하는 문제이기 때문에 그대로 사용할 수 있겠군요. ②번은 후루하타 유형으로 과제를 만들면 좋을 것입니다. 구체적으로는 '이것과 이것은 안 되고, 이것과 이것은 좋은 이유는 무엇일까요?'라는 과제로 하면 됩니다. 예를 들면 다음과 같습니다.

배추흰나비 기르기에 대해서 써 주세요.

1. 배추흰나비 기르기는 교과서에 있는 것처럼 기릅니다. 그런데 (사육 상자에) 왜 구멍이 뚫려 있는 것일까요? 모두가 이해할 수 있는 설명을 써 보세요.

2. 배추흰나비에게 먹이는 잎을 다 먹은 다음에 갈아 주면 안 됩니다. 날마다 갈아 주어야 합니다. 왜 그렇게 해야 할까요? 모두가 이해할 수 있는 설명을 써 보세요.

3. 배추흰나비와 같은 곤충을 다른 곳으로 옮길 때는 손으로 잡아 옮기면 안 됩니다. 먹고 있던 잎과 함께 옮겨야 합니다. 왜 그럴까요? 모두가 이해할 수 있는 설명을 써 보세요.

고학년이 되면 선택지가 증가합니다. 예를 들면, 다음 그림은 초등학교 6학년 '몸의 구조와 기능'의 문제입니다.

2. 사람과 다른 동물의 몸의 구조와 기능을 비교합니다.

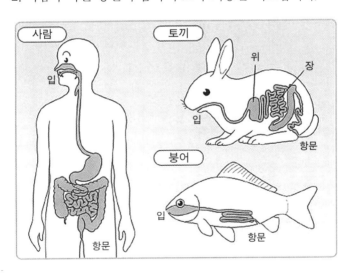

① 사람, 토끼, 붕어의 몸의 구조와 기능에서 모두에게 공통된 것 두 가지에 ○ 표시하시오.

(○) 음식물이 지나가는 길이 입에서부터 항문까지 연결되어 있다.

(   ) 음식물은 처음 모양 그대로 음식물이 지나가는 길을 통해 나간다.

(○) 음식물이 지나가는 길에서 흡수되지 않은 것은 몸 밖으로 나온다.

(   ) 음식물이 지나가는 길에는 물이 흘러가지 않는다.

이 경우도 후루하타 유형으로 과제를 만들어 봅시다.

사람, 토끼, 붕어의 몸의 구조와 기능에서 "음식물이 지나가는 길이 입에서부터 항문까지 연결되어 있다"와 "음식물이 지나가는 길에서 흡수되지 않은 것은 몸 밖으로 나온다"는 모두에게 공통된 점입니다.

하지만 "음식물은 처음 모양 그대로 음식물이 지나가는 길을 통해 나간다"와 "음식물이 지나가는 길에는 물이 흘러가지 않는다"는 틀립니다.

이것을 모두가 이해할 수 있도록 설명을 써 보세요.

아래 문제를 살펴보시기 바랍니다.

3. 침의 기능을 조사합니다.

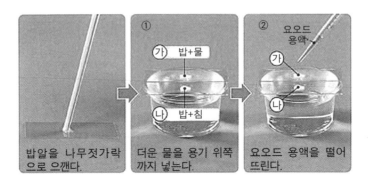

(1) ①의 더운 물의 온도로 맞는 것에 ○ 표시하시오.

(   ) 약 20℃   (○) 약 45℃   (   ) 약 70℃

(2) ②에서 ㉮, ㉯에 요오드 용액을 떨어뜨리면 어떻게 됩니까?
각각의 빈칸에 맞는 ㉮와 ㉯를 써 넣으시오.

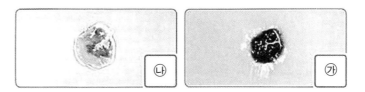

(3) 침에는 어떤 기능이 있습니까?
녹말을 다른 것으로 변하게 하는 기능(이 있다.)

침(타액)의 기능을 조사하는 실험에서는 밥알을 으깬 후 그것을 두 군데로 나눕니다. 한쪽에는 물을 넣어 섞습니다. 다른 쪽에는 침을 넣어 섞습니다. 그것을 일정 온도의 물 위에 놓고 잠시 기다립니다. 그리고 양쪽 모두 요오드 용액을 떨어뜨리면, 물을 넣은 쪽은 검게 되지만 침을 넣은 쪽은 검게 되지 않습니다.

이것은 침은 물과 달리 녹말을 다른 것으로 변하게 하는 기능이 있기 때문입니다.

이 실험을 해서 위와 같은 결과가 나오면, 왜 침은 물과 달리 녹말을 다른 것으로 변하게 하는 기능이 있는지 이해할 수 있나요? 그것을 모두가 이해할 수 있게 설명을 써 주세요.

이 실험에서 사용한 물의 온도는 45℃입니다. 그것보다 지나치게 높아도 또, 지나치게 낮아도 실험이 잘되지 않습니다. 그 이유를 모두가 이해할 수 있게 설명을 써 주세요.

마지막으로 다음 쪽의 4번 문제입니다.

이처럼 괄호 안에 알맞은 단어를 넣는 형태의 문제는 괄호에 넣은 답을 사용해서 문장을 만들면 됩니다.

음식을 먹고 나서 배출하기까지의 과정을 모두가 이해할 수 있게 설명을 써 주세요. 입, 간장, 항문, 신장, 대장, 소장, 위의 위치 관계와 순서를 모두가 이해하도록 그림을 그려 주세요.

그리고 아래와 같은 단어와 문장을 사용해서 설명해 주세요.

입, 간장, 항문, 신장, 대장, 소장, 위, 소화, 소화기관, 음식물의 양분을 흡수한다, 양분 일부를 저장한다.

4. 사람의 몸속에 있는 기관의 기능을 조사합시다.

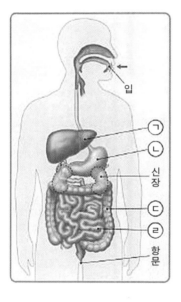

(1) 아래 ①, ②의 역할을 하는 부분의 기호와 이름을 써 넣으시오.

① 주로 음식물의 양분을 흡수한다.
[기호 : ㄹ]
[이름 : 소장]

② 양분의 일부를 저장한다.
[기호 : ㄱ]
[이름 : 간(장)]

(2) 음식물을 몸에서 쉽게 흡수할 수 있도록 바꾸는 것을 무엇이라고 합니까?

(소화)

(3) 입에서 항문까지 음식물이 지나가는 길을 무엇이라고 합니까?

(소화기관)

초등학교 사례만을 들었기 때문에 중학교, 고등학교 선생님은 어리둥 절할지도 모르겠습니다. 그래도 코난 유형에서 후루하타 유형으로 발상을 전환하는 방법에 대해서는 이해하실 수 있을 겁니다.

지금까지의 코난 유형의 수업에서는 무엇을 위해 이 수업이 있는지를 생각하지 않아도 수업이 가능했습니다. 바쁠 때는 교과서와 교사용 지도서를 죽 읽어 가면서 수업을 해도 됐습니다. 왜냐하면 대부분의 교과와 각 선생님에게는 일정한 수업의 형태가 있기 때문입니다.

예를 들어, 국어과라면 본문 읽기, 신출 한자 확인, 단락 나누기, 단락의 요약 등의 흐름이 있습니다. 수학과라면 전시 확인, 전시 문제 풀게 하기, 본시 설명, 본시 예제를 교사가 풀어서 보이기, 본시 문제를 풀게 하기, 교과서의 문제를 풀게 하기와 같은 흐름이 있습니다.

그래서 이 형식에 그날의 내용을 얹으면 됩니다. 실제로 해 보아서 문제가 있으면 그때그때 지시해서 조정하면 됩니다. 그렇게 해서 어떻게든 넘어갈 수 있습니다.

함께 배움에서는 학생이 주체적으로 능동적인 수업을 진행합니다. 따라서 수업의 처음에 학생이 오해 없이 진행할 수 있도록 지시해야 합니다. 나중에 추가적인 지시를 해서는 안 됩니다. 그러니 이 시간에 달성해야 하는 것은 무엇일까를 생각해야 합니다.

3장에서는 과제 만들기의 다양한 예시를 제시했습니다. 아마 다르게 생각할 수도 있을 것입니다.

3장에 나와 있는 과제 만들기에는 확실한 근거가 있지만 이 책은 주 1회 정도의 실천 범위 내에서 기술하고 있습니다. 그 정도라면 이 단계에서는 수용하실 것이라 생각합니다.

한편, 종래의 수업과 비교해서 함께 배움의 어려운 점이 있습니다. 그것은 성적 상위권 학생들이 주변의 친구들에게 진지하게 설명하도록 이해시켜야 한다는 점입니다.

그렇게 하려면 공부에 대한 관념을 바꾸는 이야기가 필요합니다.

반면에 종래의 수업과 비교해서 함께 배움이 압도적으로 편안한 점이 있습니다. 그것은 전원이 이해할 수 있는 설명을 할 필요가 없다는 것입니다.

지금까지의 수업에서는 모두를 이해시키기 위해서 여러 가지로 말을 바꾸어 설명했지만, 그것이 필요 없습니다. 왜냐하면 그와 같은 노력을 성적 상위권 학생들이 해 주기 때문입니다.

고등학교용 과제

지금까지 초등학교의 과제 사례를 설명했는데, 고등학교도 완전히 같습니다. 수학의 경우 문제를 제시해 그것을 해결해 보게 하면 이해할 것입니다. 이 점은 다른 교과도 같습니다.

예를 들어, 다음 문제는 2015년 센터 시험 세계사 A의 한 문제입니다.

제1문 세계의 역사상 마이너리티(소수파 또는 피지배집단)에 대해 기술한 다음 문장 A~C를 읽고 아래 질문(문1~11)에 답하시오.

(배점 34)

A 터키 동남부에서 이란 서부에 이르는 지역에 거주하는 쿠르드 민족은 대부분 무슬림이고, 독자의 문화와 모국어가 있다. 이들은 전근대의 ① 여러 이슬람 왕조 치하에서는 정치적으로 차별받지 않았다. 제3차 십자군과의 전투, 유럽의 문예 작품에 등장하는 ㉮ 도, 쿠르드인이라고 일컬어지고 있다. 하지만 20세기

이런 문제의 경우 ㉮의 정답인 '살라딘'을 넣고, 밑줄을 삭제한 글을 만들어 "이 글을 중학교 3학년도 이해할 수 있는 글로 만드시오"라는 과제를 제시합니다. 이 과제를 풀기 위해서는 단어를 일일이 확인해야 합니다. 결국 살라딘을 이해하게 됩니다.

또 다음 문제도 제시문의 "이 그래프로부터 ~한 개 고르시오"라는 부분을 삭제합니다. 그 대신에 "이 그래프로부터 알 수 있는 것은 a이고 b는 아니라는 것을, 모두가 이해할 수 있도록 설명을 작성하시오"로 하면 됩니다.

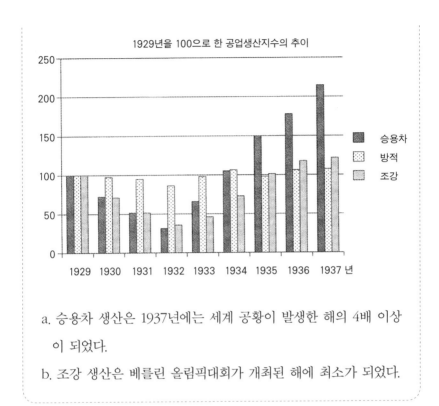

1929년을 100으로 한 공업생산지수의 추이

범례: 승용차, 방적, 조강

a. 승용차 생산은 1937년에는 세계 공황이 발생한 해의 4배 이상
이 되었다.

b. 조강 생산은 베를린 올림픽대회가 개최된 해에 최소가 되었다.

이 책에서 소개한 다양한 사례만으로도 주 1회 정도의 실천에는 충분
하다고 생각합니다.

종래의 수업과는 확실히 구분하라

맛있는 슈크림을 만드는 방법이 있고, 맛있는 초콜릿을 만드는 방법이 있습니다. 이것들을 섞어서 맛있는 에클레어를 만들 수 있습니다.

그런데 맛있는 슈크림과 맛있는 카레를 섞으면 맛있게 되지 않습니다. 단맛의 슈크림을 넣은 카레는 정말로 먹고 싶은 마음이 들지 않을 것입니다. 수업도 같습니다. 종래의 수업과 함께 배움은 근본적인 차이가 있습니다.

종래의 수업, 즉 교과 지도는 지식과 기능을 배우기 위함이 그 목적입니다. 반면에 함께 배움은 '인지적, 윤리적, 사회적 기능, 교양, 지식, 경험을 포함한 범용적 능력의 육성을 도모함'이 그 목적입니다. 즉, 성인으로 자라게 함이 그 목적입니다.

그리고 종래의 수업은 어린이는 미숙하므로 교사가 돌보아 주는 것이 일이라고 생각합니다. 하지만 함께 배움에서는 어린이를 성인으로 (자라나게) 하기 위해서, 학습자가 능동적으로 배우기 위해서는 교사가 한 발빼야 한다고 생각합니다. 즉, 근본이 정반대입니다. 따라서 단순히 서로 섞어 버리면 학생이 혼란스러워합니다. 예를 들면, 교장의 지시를 철저히 따르게 하는 것을 요구하는 교장을 섬기는 방법이 있습니다.

한편으로는 자주적으로 아이디어를 제안하고 실행할 것을 요구하는 교장을 섬기는 방법도 있습니다. 하지만 그것을 매일 바꾸고 또 법칙성도 없이 방침을 바꾸는 교장을 섬기는 방법은 없습니다.

학생에게 교사는 교장입니다. 교사가 기본적인 방침을 굳건하게 지키면 학생들은 따라가기 쉽습니다. 적어도 이런 경우에는 이 방침, 저런 경우에는 저 방침이라고 일정한 법칙성이 있으면 모시기 쉬운 이치입니다.

이 때문에 종래의 수업에서는 그것에 적합한 지도를 해야 하지만, 함께 배움에서 종래 수업의 지도 방법을 이용하면 학생은 혼란스러워합니다. 그래서 종래의 수업도 아니고 함께 배움도 아닌 어정쩡한 수업이 되어 버립니다. 중요한 것은 함께 배움을 할 경우에는 일관된 방침을 철저하게 지키는 것입니다.

사람으로서 옳은가를 묻다

앞에서 말씀드린 것처럼 액티브 러닝의 정의에는 "학습자가 능동적으로 학습함으로써 인지적, 윤리적, 사회적 능력, 교양, 지식, 경험을 포함한 범용적 능력의 육성을 꾀한다"라는 내용이 있습니다. 즉 인지적(즉, 보통의 의미로서의 학력)일 뿐만 아니라 윤리적(옳고 그름을 판단할 수 있고 행동할 수 있는)이고, 사회적 능력(다른 사람과 함께 교류할 수 있는 능력)이 필요하다는 것입니다. 이것은 여러 번 언급했듯이 학생들이 살아갈 사회에서 필수적인 능력입니다.

따라서 교과 학습에서 함께 배움을 판단하는 기준의 하나로서 수업의 마지막에 '여러분의 행동은 사람으로서 옳은가?'를 묻지 않으면 안 됩니다.

학생들이 주체적이고 능동적으로 배우고 있는 것처럼 보이더라도, 교사가 '여러분의 행동은 사람으로서 옳은가?' 묻기를 주저한다면 그것은 함께 배움이 아닙니다.

눈물이 날 정도로 감동적인 이야기를 다루는 국어 수업이나 동물을 취급하는 과학 수업이라면 그와 같이 물을 수 있을 것입니다. 하지만 우리는 수업 중에 한자 쓰기, 속도·가속도의 계산, 프랑스혁명의 연도를 외우는 것도 합니다. 이런 수업에서 '여러분의 행동은 사람으로서 옳은 가?'를 묻는 것은 어려울지 모르겠습니다.

어떻게 하면 학생들이 성인 사회에서 살아갈 수 있도록 함께 배움을 통해 성장시킬 수 있겠습니까?

함께 배움에서 제시한 과제 거의 그대로의 문제를 단원평가, 정기평가 문항으로 출제해 주세요. 그리고 다음과 같이 이야기합니다.

> 이번 시험에서는 3번이 어려웠던 것 같네요. 3번을 맞힌 사람 손을 들어 보세요. 오~ 대단하네. 그럼 일어서 주세요. 자, 일어선 사람은 주위를 둘러보세요. 앉아 있는 친구가 여러 명 있습니다. 이 문제는 지난주 수업에서 모두가 해결한 과제 그대로가 아닌가요? 그런데 결과는 지금 이와 같습니다. 서 있는 사람이나 앉아 있는 사람이나 모두 고쳐야 할 점이 있습니다. 이래서는 어른이 되었을 때 살아갈 수 없습니다. 모두의 힘으로 이것을 고쳐 나갑시다.

이것은 연습 시합에서 졌을 때 클럽의 고문이 이야기하는 것과 닮지 않았습니까? 그렇습니다. 이것이 함께 배움입니다.

4장

함께 배움을 성공시키는 비결

개별 지도는 학생에게 맡긴다

함께 배움에서는 어린이들은 주체적으로 움직이고 교사는 비교적 자유롭습니다. 이 때문에 종래의 수업에 익숙한 선생님은 자신도 모르게 개별 지도를 해 버릴 수 있지만 그렇게 하지 말아 주세요.

개별 지도를 하고 있으면 시야가 좁아져서 가르치고 있는 학생 외에는 눈에 보이지 않습니다. 따라서 다른 곳에서 일어나고 있는 일이 잘 보이지 않게 됩니다.

교사가 가르치기 시작하면 모르는 학생은 어떤 행동을 하게 될까요? 이 학생은 교사에게 배우는 게 더 쉽기 때문에 친구들에게 질문하지 않습니다. 그리고 이런 생각을 하는 학생들이 많으므로 좀처럼 자기 순서가 돌아오지 않을 것입니다. 자기 순서가 오기까지 이 학생은 무엇을 하고 있을까요? 필시 아무것도 하지 않을 것입니다. 즉, 시간 낭비입니다.

한편, 가르치는 학생들은 무슨 생각을 하겠습니까? 가르치는 것은 자신의 책임이 아니라고 생각하겠지요. 특히 고립 성향의 학생에게는 가르치러 가지 않을 것입니다.

그렇다면 '틀린 학생이 있는데 그대로 내버려 두라는 말인가?'라고 생각하는 분도 있을 것입니다. 어떻게 하면 좋을까요?

교사는 틀린 학생의 노트를 보면서 주위 학생들에게 들리도록 다음과 같이 말합니다.

"어라, 3번 문제. 이대로는 틀리지 않았나? 모두 어떻게 하면 좋을까?"

이렇게 하면 주위의 친구들이 다가와 교사 대신 가르쳐 줄 것입니다.

반대로 어려운 문제를 해결한 학생이 있다고 합시다. 이 경우에는 "오~, 대단하네! 5번은 모두 어렵다고 생각하는데. 잘 해결했네!"라고 주변 학생들에게 들리도록 말합니다. 그러면 5번이 어려워서 고민하고 있던 학생이 접근할 것입니다. 즉, 교사의 역할은 가르치는 것이 아닙니다. 학생들끼리 서로 가르치도록 '계기'를 만들어 주는 것입니다.

한 사람의 교사가 가르칠 수 있는 인원은 한정되어 있지만, 계기를 만들어 주면 많은 작은 선생님을 만들어 낼 수 있습니다. 결과적으로 한 사람의 교사로부터 배울 수 있는 수보다 몇 배나 많은 학생이 배울 수 있습니다. 이와 같은 말하기를 '가시화可視化'라고 합니다.

확실히 교사가 가르치는 것이 학생보다는 능숙할 것입니다. 하지만 가르칠 수 있는 인원수가 한정되어 있습니다. 적절한 예일지 모르겠지만, 100만 명이 있는 기아 지역에 100명분의 고급 영양식품을 보내는 것과 그 돈으로 100만 명분의 싸라기 쌀을 보내는 것 중 어느 쪽이 더 많은 사람을 구할 수 있는가와 같습니다.

앞에서 기술한 바와 같이 교사는 성적 하위권이 무엇을 고민하는지를 절대로 이해할 수 없습니다. 이것은 호모 사피엔스의 뇌의 구조가 그러하기에 어찌할 도리가 없습니다. 그래서 교사 자신이 이해할 수 없는 학생은 이해할 수 있는 학생에게 맡겨야만 합니다. 혹시 그 학생이 틀리게 가르쳐 줄 수도 있지만, 교사가 일대일로 가르치더라도 이해하지 못한다면 오히려 그쪽이 더 낫지 않을까요?

그렇다면 함께 배움에서 교사는 무엇을 하면 좋을까요?

저는 수업 모습을 슬쩍 보기만 해도 그 선생님의 함께 배움이 어떤 단계인지 알 수 있습니다.

제1단계는 둘을 하나로 합친 함께 배움입니다. 몇 번이나 기술한 바와 같이 종래의 수업과 함께 배움을 혼합한 수업입니다.

제2단계는 이 책에서 소개했습니다. 한 차시의 대부분을 맡기는 함께 배움을 합니다. 그런데 머리로는 이해하지만, 마음이 불안해서 한 사람 한 사람의 노트를 체크합니다. 그리고 틀렸으면 가르치기 시작합니다.

제3단계는 '가능하네!'라고 생각하기 시작합니다. 제2단계를 어느 정도 경험하면 학생 대다수가 문제없이 학습해 낸다는 것을 알아차립니다. 종래의 수업에서 자고 있던 학생이 배우게 됩니다. 하지만 여전히 특정 학생이 불안해서 참을 수가 없습니다. 그래서 천천히 교실을 돌아다니다가 그 학생 옆으로 가서 가만히 점검합니다. 그리고 틀렸으면 가르치기 시작합니다.

제4단계는 교사 자신이 가르치더라도 본질적인 해결이 아님을 알아차리게 됩니다. 이 단계까지 오면 특정 학생을 움직이게 하려는 게 무의미함을 이해합니다. 그 대신 교사의 지시를 따르는 학생들을 움직여 이 학생들에 의해 집단을 개선하려고 합니다.

마지막으로 제5단계입니다. 가시화와 같은 의도적인 말을 하지 않더라도 우리는 항상 보디랭귀지를 합니다. 성인의 속마음을 간파하는 장점을 지닌 학생은 어떤 학급에도 있습니다. 이 학생은 교사의 말과 행동을 응시해서 그 선생님이 어느 수준인지를 알아차립니다.

함께 배움에서는 학생의 마음 중심이 매우 쉽게 보입니다. 당연합니다. 종래의 수업에서는 의욕이 있는 학생이나 없는 학생이나 겉모습은 거의 같습니다. 함께 배움에서는 의욕이 없는 학생은 의욕이 없다는 행동을 여실히 나타냅니다.

예를 들면, 학생끼리 대화할 때 공부 이야기를 하고 있으면 이따금 교과서나 노트 쪽을 봅니다. 공부 이외의 이야기를 하고 있을 때는 계속 서로의 얼굴만을 보고 있습니다.

공부하는지를 알아차리면 무심결에 표정에 나타납니다. 좀 전에 언급한 것처럼 성인의 속마음을 잘 읽는 학생은 그것을 금방 알아차립니다. 그래서 이 선생님은 학급의 상황을 잘 파악하는 선생님이라고 생각하면 이 학생은 진지하게 공부를 하게 됩니다. 그리고 교사가 요구하는 '한 사람도 포기하지 않는다'는 것을 이행하려고 하겠지요. 그 결과 집단은 변합니다.

집단을 간파하기 위해 교실을 어슬렁거릴 필요는 없습니다. 교실 전체를 지긋하게 바라봅니다. 왜냐하면 학급의 배움이나 인간관계가 극적으로 변하는 계기가 되는 현상이 언제 어디에서 일어날지 모르기 때문입니다.

예를 들면 지금까지 놀고 있던 학생이 공부하기 시작하는 순간, 혹은 성실한 학생이 손을 빼는 순간, 지금까지 험악했던 두 사람이 함께 공부하는 순간, 지금까지 누구도 가까이 가려고 하지 않았던 학생에게 다가

가는 학생이 나타나는 순간, 지금까지 움직이지 않았던 학생이 "가르쳐 줘"라고 말하는 순간……

교사는 그 순간을 재빠르게 알아차리고 무심결에 나오는 표정, 한숨 등을 집단 전체로 전해야 합니다. 그래서 교실 한쪽에서 전체를 바라보아야 합니다.

이전에 공개수업을 참관하는 교사가 어떤 시점으로 수업을 바라보아야 하는지에 관한 연구를 했습니다. 그 결과 특정 학생과 모둠을 지긋하게 관찰하는 교사가 대부분이었습니다.

그런데 수업의 명인이라고 일컬어지는 교사의 참관 방법은 달랐습니다. 이런 교사는 개개 학생의 모습을 관찰하는 동시에 그 이상으로 교실 한쪽에서 집단 전체를 죽 둘러봅니다. 그리고 포인트가 되는 집단에 움직임이 있으면 바로 다가가서 학생의 말과 행동을 관찰하고, 다시 교실 한쪽으로 이동해 갑니다. 이런 식으로 교실 전체에서 무슨 일이 일어나는지를 정확하게 알아낼 수 있었고, 특정 학생과 모둠을 관찰하던 교사와는 다른 시점에서 의견을 제시할 수 있었습니다.

학생 한 사람 한 사람의 세밀한 말과 행동을 알았다고 하더라도 항상 수십 명을 상대하는 교사에게 가능한 것은 한정되어 있습니다. 교사가 할 수 있는 것은 집단을 움직이는 것입니다. 수업의 명인들은 언제나 이것을 숙지했던 것입니다.

함께 배움의 그룹 구성

함께 배움 수업 중에 그룹이 만들어지지만, 교사는 그 구성에 관여하지 않습니다. 학생들이 주체적으로 생각해서 그룹을 만듭니다. 그러나 실제로는 많은 교사가 그룹을 구성하고 싶어 합니다.

예를 들면, 리더 격의 학생을 각 그룹에 넣어야 한다고 생각하는 분이 있습니다. 확실히 그 그룹은 안심감이 느껴질 수도 있을 겁니다.

그런데 사람의 궁합은 미묘합니다. 연구자로서 단언하건대, 학생들을 적정한 그룹으로 구성하기 위한 학술적으로 보증된 방법은 없습니다. 적어도 학회에서 공통 이해가 성립된 방법도 없습니다.

또 다른 학년으로 집단을 구성할 때 각 학년이 균등하게 분포하도록 그룹을 구성하려고 하는 경우가 많지만, 그러면 최상급생에게 부담이 집중됩니다. 결과적으로 처음에는 잘되는 것 같지만 한 달만 지나면 짜증이 심화되어 하급생에게 심하게 대하는 일이 발생합니다. 초등학교의 집단 등교(일본 초등학교에서는 학생들의 안전을 위해 같은 동네에 사는 학생들끼리 마을의 일정한 곳에 모여서 함께 등교함-옮긴이)에서 저학년이 울면서 학교에 가고 싶지 않다고 말하는 일이 발생하는 때가 대체로 한

달 정도이지요.

혹시 최상급생 중 능력에 부치는 학생이 있는 경우, 그 학생은 주위의 학생들을 잘 이끌지 못해서 궁지에 몰려 버립니다. 이런 일을 방지하기 위해 두 사람의 최상급생을 배치하는 방법도 있지만, 그 의도를 주변 학생들이 빤히 들여다볼 것입니다.

우리는 자유롭게 그룹을 구성하라고 했을 때 학생들이 어떤 그룹을 구성하는지를 조사했습니다. 그 결과 이해하지 못한 것을 잠깐 묻는 정도로 해결 가능한 과제의 경우, 두 사람을 기본으로 하는 그룹을 구성했습니다.

그런데 무엇인가 작업이 필요한 과제의 경우, 네 사람을 기본으로 하는 그룹을 구성했습니다. 학급 전원의 의사 확인이 필요한 경우는 전원이 모였습니다. 생각해 보면 우리 교사가 교직원실에서 하는 말과 행동도 비슷하지 않습니까?

이상과 같이 적정한 그룹의 크기는 그때그때 과제에 따라 변합니다. 한 차시 속에서도 바뀌고 한 사람 한 사람 학생에 따라서도 변합니다.

이런 조정을 교사가 할 수 있겠습니까? 불가능합니다. 그럼 누가 가능할까요? 학생 본인입니다. 학생들 한 사람 한 사람이 주체적, 협동적으로 생각해야 합니다.

교사가 그룹을 구성하지 않으면 특정 학생이 혼자 있게 될까 봐 염려하는 분도 있습니다. 이런 학생에 대한 배려는 나중에 설명하겠습니다. 다만 다른 학년끼리 하는 합동 함께 배움이 매우 효과적임을 설명하고 싶습니다.

고립되는 원인은 다양합니다. 같은 학년이라면 '저 학생은 그런 학생이야'라는 암묵적인 동조가 있는 경우가 대부분입니다. 이것을 깨기는 상당히 어렵습니다. 하지만 다른 학년 사이에는 이런 것이 없습니다. 따라서 같은 학년 학생들끼리보다는 극복하기 쉽습니다.

예를 들면, 마음 착한 상급생이 그룹 참가를 권하거나 몰라서 곤란해하는 하급생 옆에 앉아 도와주는 것은 자주 있는 일입니다. 거꾸로 고립 경향의 학생이 하급생에게 권하거나 곤란해하는 하급생 옆에 앉아 도와주는 일도 자주 있습니다. 잘 모르는 하급생을 동급생과 함께 가르치는 과정에서 관계가 맺어지기도 합니다.

그룹 구성이 자유롭기 때문에 앉는 방법도 자유입니다.

어떻게 책상을 배치하면 유효한지를 나타내는 실증적인 학술 연구는 없습니다. 앞에서 말한 대로 학생들이 하는 과제에 따라 그룹의 크기가 달라지기 때문에 책상의 배치도 달라집니다.

잠깐씩 질문하면 좋은 수준이라면 책상을 옮길 필요는 없습니다. 천천히 배워야 할 경우에는 두 개의 책상을 붙이면 좋습니다. 어떤 작업이 필요한 과제의 경우는 4~5개의 책상을 붙이면 좋습니다.

교실이라는 한정된 공간의 유효성을 실현하려면 학생들 한 사람 한 사람이 주체적으로 생각해야 합니다.

학급에서 함께 배움을 실시할 경우에는 처음에 앉을 위치를 지정하고, 함께 배움 중에는 어떤 책상을 사용해도 좋으며, 책상을 어떻게 옮겨도 좋다는 것을 말해 주세요.

단, 끝날 때는 책상을 원래 위치로 하고 처음에 앉았던 위치로 돌아가도록 해 주세요. 학생들이 주체적이 되면, 처음과 마지막에 앉을 위치를 정할 필요성도 사라집니다. 수업 전에 스스로 생각해서 앉으면 됩니다.

또, 합동 함께 배움을 체육관과 같이 넓은 장소에서 할 경우에는 바닥을 사용해 공부합니다. 물론 책상을 가장자리에 배치해도 좋습니다. 화판을 들고 교정에서 공부하게 할 수도 있습니다.

교사가 요구할 것은 앉는 방법이나 그룹 구성이 아니라, 주체적이고 협동적으로 행동해서 전원이 과제 달성을 하는 것입니다.

중요한 것은 알아차림이다

함께 배움을 성공시키는 최대 관건은 교사가 전원 달성을 끊임없이 추구하는가에 달려 있습니다. 함께 배움의 성패는 집단을 끌고 가는 2할의 학생이 필사적으로 움직이는 것에 달려 있습니다.

2할의 학생이 자신만 달성하면 좋다고 생각하는가, 전체를 위해 무엇인가를 하는가에 따라 차이가 생깁니다. 이들의 속마음은 자기 것만 하는 편이 편하다는 것입니다. 공부할 마음이 없는 친구를, 교사에게도 힘든 친구를 배움의 울타리 안으로 들어오게 하는 것은 매우 성가신 일입니다.

그럼에도 왜 이 학생은 계속 그것을 하고 있을까요? 한 사람도 포기하지 않는다는 것이 자신에게도 이익이 된다는 것을 교사가 반복해서 말하기 때문입니다. 교사의 이런 언급 때문에 학급에는 응집력이 생기고, 실제로도 이익이 된다는 것을 실감하기 때문입니다.

그렇더라도 본심은 귀찮아하고 있다는 점은 변하지 않습니다.

교사의 알아차림이 약해지면 이 학생이 손을 놓고 있다는 걸 놓쳐 버립니다. 예를 들면, 이전에 이 학생은 학급 전체를 둘러보고 몰라서 곤란해하는 친구를 발견하면 멀리까지 가서 가르쳐 주었습니다. 그런데 귀찮을 때는 가만히 앉은 채 학급 전체에 시선을 주지 않습니다. 이전에는 그것을 알아차린 교사가 표정으로 알고 있음을 드러냈습니다.

하지만 교사도 사람입니다. 함께 배움에서 교사가 손을 놓으려고 한다면 한없이 손을 놓을 수 있습니다. 알아차림도 발문도 하지 않고 판서도 하지 않으며 아무것도 하지 않고 수업이 흘러갑니다. 그리고 학생들을 신뢰해서 맡기는 것이 그만 방임이 되어 버립니다. 이렇게 되면 알아차림이 약해지고, 집단을 이끄는 학생이 손을 놓게 됩니다. 순식간에 안 되는 집단이 되어 버립니다.

완성도가 높은 클럽 활동은 감독이 나타나기 전에 연습을 시작합니다. 그리고 감독이 나타나면 바짝 긴장합니다. 감독은 클럽 활동의 연습을 보면서 마지막에 무엇을 말해야 할지를 가만히 생각합니다. 그동안 핵심이 되는 학생을 주목하고 표정으로 많은 것을 말하게 됩니다. 연습의 마지막에 가장 중요하다고 생각되는 것을 말합니다.

함께 배움에서 교사의 역할은 그 감독이 하는 대로 교과 학습에서 하는 것입니다.

확인 가능한 학생 집단으로 육성하라

함께 배움을 막 시작한 교사가 가장 저항감을 느끼는 것은 확인하지 않는 것입니다.

보통, 수업의 마지막에는 '마무리'를 합니다. 이를 위해 교사는 몇 명을 지명해서 응답하게 합니다. 혹은 미니 테스트를 합니다. 그것으로 정말 이해했는지를 확인할 수 있을까요? 정말 이해했는지를 확인하려면 테스트보다는 대화가 필요하지 않을까요? 교사 혼자서 수십 명의 학생과 대화하는 것은 시간상 불가능합니다. 그래서 학생에게 맡기는 것입니다.

맡기는 것에도 방법이 있습니다. 예컨대 교사가 채점해서 이해했다고 인정한 학생이 점검하는 방법이 있습니다. 이런 방법은 교사 앞에 검사를 기다리는 긴 줄이 서겠지요. 교사가 시간을 들여서 정성껏 검사하면 할수록 이 줄은 길어집니다. 아마 그 순간에는 지금 점검하고 있는 학생밖에는 보이지 않을 것입니다. 열을 지어 서 있는 지루해하는 학생의 얼굴은 보이지 않을 것입니다.

함께 배움은 1분 1초도 낭비하지 않습니다. 학생 전원이 최대한 머리를 쓰도록 합니다. 그래서 정답을 비치해 학생들이 스스로 점검하게 하는 것입니다.

'이론적으로는 알겠는데 정말 그래도 괜찮을까?'라고 생각하는 분도 있을 것입니다. 제멋대로 맞았다고 동그라미를 치는 학생도 있습니다. 하지만 스스로 착실하게 동그라미를 치는 학생은 초등학교 1학년에도 있습니다. 이 학생이 교사가 시키지 않더라도 자발적으로 주위 친구들을 점검하면 문제는 일어나지 않습니다.

그래도 염려되는 분이 있을 것입니다. 그래서 처음에는 정답이 확실한 과제부터 시작하면 좋습니다. 잠시 시간이 지나면 본격적으로 점검하는 학생이 생깁니다.

교사가 된 사람 대부분은 동급생을 가르쳤던 경험이 있을 것입니다. 여러분도 그렇게 하지 않았습니까? 생각해 보세요. 동급생이 알고 있는지를 대화를 통해 찾고, 정말로 이해시킬 수 있는 설명을 생각합니다. 이와 같은 학생이 학급의 2할(30명 학급이라면 5, 6명) 정도 나타나면 상당히 확실한 점검이 가능합니다.

그런데 교사가 교실을 돌아다니다가 어떤 학생이 틀리게 가르치고 있는 것을 발견했다면 어떻게 하는 게 좋을까요? 아마도 교사가 제대로 가르치겠지요. 하지만 이렇게 하면 학생들은 성장하지 못합니다. 이럴 때는 "어? 이상하네. ○○라고 설명하고 있는데, 그래도 좋을까? 우리 반에는 그것이 틀렸다는 것을 알고 있는 친구가 있는데, 어떻게 하면 좋을까~"라고 학급 친구에게 들리도록 말해 주세요.

이 책에서 소개하는 과제의 예시에는 "모두가 이해할 수 있는 설명을 생각한다"라는 것이 있습니다. 이 과제에는 정답이 없습니다. 당사자끼리

리 이해하면 됩니다. 어린이의 설명은 교사가 들어도 이해하지 못할 때가 있습니다. 어린이들 서로의 암묵적인 이해가 있으면 크게 생략되기 때문입니다. 그렇다면 교사는 무엇을 주의해야 할까요? 바로 '제멋대로 설명하고 제멋대로 이해하고 있지는 않은가?'입니다.

학생들 중에는 제멋대로 하는 학생도 있습니다. 그런 분위기를 감지하면 "이 수업은 정말로 제대로 이해하는 것이 목표예요. 신중하게 듣고, 신중하게 점검해야 합니다. 엉터리로 설명하고, 이 엉터리 설명을 적당히 듣고 인정해 주는 것은 배려가 아닙니다. 친구를 포기하는 것이지요. 신중하게 듣고 신중하게 점검해야 합니다"라고 말해 주세요.

어떤 학교 단계나 어떤 교과 수업에서도 성적 중위권 또는 중하의 수준에 맞추어 수업을 진행할 것입니다. 그 정도 수준의 과제라면 학생끼리의 점검이 가능합니다.

그리고 학원, 통신 교재, 가정교사를 통해 내용을 알고 있는 학생이 2할 이상이 됩니다. 이 학생은 스스로 통신 교재를 채점합니다. 문제집을 스스로 풀고 채점을 합니다. 6할의 학생은 이 2할의 학생으로부터 주의를 받기 때문에 채점이 가능한 학생이 됩니다. 자기 혼자서 정확하게 이해하지 못할 때는 이해하는 친구에게 가서 확인할 수 있습니다.

초등학교 1학년생을 등교시킬 때 보호자는 준비물을 점검할 테지만, 고등학교 3학년까지 계속하지는 않겠지요. 언젠가는 결단을 내려야 합니다. 유아가 기저귀를 벗어던지는 계기는 보육원에서 숙박 여행을 갈 때입니다. 기저귀를 찬 자신의 모습을 친구들에게 보이기 싫다고 본인이 생각한 순간, 한 걸음 앞으로 나가는 것입니다. 교사가 뒤처리를 해 주면 학생들은 성장하지 못합니다.

아마 대충대충 하는 학생이 2할은 될 것입니다. 이들은 교사의 눈을 피해서 적당히 합니다. 그리고 교사의 눈을 피해 갑니다. 하지만 친구들의 눈을 피하기는 쉽지 않다는 것을 알고 있습니다. 학급 집단이 성장해 학생들이 그런 친구들이 없는지 점검하고 있다면 이를 바로잡습니다. 내년에는 당신이 지금의 학급을 담당하지 못할 수도 있습니다. 하물며 진학, 취업까지 챙겨 줄 수는 없습니다. 그런데 학급 친구들은 그렇게 할 수 있습니다.

오늘 과제를 다음 시간에 다시 다루지 않는다

수업 종료 시각이 되어도 과제를 해결하지 못한 학생이 있거나, 본인은 끝냈다고 생각하지만 틀린 채로인 학생이 있기도 합니다. 이럴 때는 어떻게 하면 좋을까요?

지금까지의 수업을 생각해 보시기 바랍니다. 학생들 전원이 오해 없고, 전원이 이해해야 그다음으로 넘어갔습니까? 아닐 것입니다. 함께 배움에서는 자석 이름표를 활용하기 때문에 마지막까지 이해하지 못한 학생이 있는지를 쉽게 알 수 있습니다. 또 교사가 발문이나 판서를 하지 않기 때문에 학생들을 찬찬히 관찰할 수 있으므로 한 사람 한 사람의 오류를 발견할 수 있습니다.

원래 마지막까지 이해하지 못한 학생이나 틀렸는데 이해했다고 생각하는 학생은 종래의 수업에서도 그런 상태였을 가능성이 높습니다. 마지막까지 이해하지 못하는 학생은 함께 배움에 의해 생긴 것이 아니며, 단지 그것이 쉽게 보였을 뿐입니다.

그럼 종래의 수업에서는 어떻게 대처해 왔을까요?

수업 마지막에 확인했을 것입니다. 그런 확인으로 이해할 정도라면 수업의 마지막이 아닌 처음에 확인했으면 더 좋았을 것입니다. 교사가 마지막에 칠판에 정리하고 그 내용을 말하는 정도로는 이해하지 못할 것입니다.

때로는 다음 차시에 다시 하는 경우도 있을 텐데, 계속 그렇게 하면 수업 시수가 부족할 것입니다. 또 방과 후에 남겨서 지도하는 방법도 있습니다. 그런 지도로 이해가 가능한 학생이 몇 사람일까요? 남아서 공부하는 학생 외에는 모두 다 이해하고 있습니까? 그리고 그런 방과 후 지도는 항상 가능합니까?

교사는 한계를 알고 있지만 가능한 만큼 합니다. 그것은 대증요법이지 근본 치료법은 되지 못합니다. 근본 치료법은 확인 가능한 학생 집단으로 육성하는 것 외에는 없습니다. 이를 위해 본격적인 함께 배움을 실천하는 것 외에는 없습니다.

지금 단계에서 가능한 것은 무엇일까요?

몇 시 몇 분까지 과제를 전원 달성할 것을 요구합니다. 그런데 많은 학생이 과제를 달성하지 못했다고 합시다. 보통이라면 다음으로 미루겠지만, 함께 배움에서는 이미 말씀드린 바와 같이 그렇게 하지 않습니다.

과제를 끝내지 못했을 때, 어떻게 하면 좋을지 찾아낼 사람은 교사가 아닌 학생입니다. 이것을 엄격하게 요구해 주세요. 그렇게 하면 과제를 끝낼 수 있는 학생 집단으로 성장합니다.

예를 들어 수업 마지막에 다음과 같이 말해 주세요.

"(우선, 그날 있었던 학생들의 멋진 활동 모습을 칭찬합니다. 칭찬하지 않으면 사람은 크지 못합니다. 그런 후에) 하지만 유감스럽게도 전원 과제 달성을 하지 못했습니다. 무엇이 부족했을까요? 다음 시간에는 이다음을 공부하겠습니다. 다음 것을 이해하기 위해서는 오늘 몰랐던 학생도 다음 시간 전까지 오늘 배운 내용을 알아야 합니다. 이제 우리 학급 전원은 무엇을 해야 할까요? 할 수 있는 일이 여러 가지 있을 것입니다."

교사의 '정리'보다는 나은 개선 효과를 기대할 수 있습니다. 또 앞에서 추천한 것처럼 사전에 과제를 알려 주고, 다음과 같이 말해 주세요.

"이번 시간에는 유감이지만 달성하지 못한 학생이 많았습니다. 정말로 어려웠는지도 모릅니다. 하지만 이 과제는 미리 여러분에게 알려 준 것입니다. 전원 달성을 추구한다면 사전에 예습할 수도 있었을 것입니다. 전원 달성을 목표로 가능한 것을 해 주세요. 지금부터라도 할 수 있는 게 있습니다. 예를 들면, 다음 수업까지 서로 가르쳐 주는 것도 가능합니다. 스스로 가능한 것을 합시다."

이 책은 주 1회 함께 배움을 실천하기 위한 책입니다. 그래도 지도하고 싶다면 다음 시간에 반복해서 지도하는 것을 금하지는 않겠습니다. 그러나 이렇게 하면 학생이 시간을 헐렁하게 여기게 되는 결점이 있습니다. 이는 단지 교사가 지도하지 않는 데서 오는 불안감을 해소하기 위함이므로 그것을 극복하기 바랍니다.

이번에는 거꾸로 전원 달성을 예상보다 일찍 끝냈을 경우를 생각해 봅시다. 그 결과 할 일이 없어 놀기 시작하는 학생이 있습니다. 이럴 때는 이렇게 말합니다.

"이 시간의 목표는 전원이 정말로 이해하는 것입니다. 학급의 전원이 정말로 다 이해했을까요? 수업 시간을 1분 1초라도 낭비해서는 안 됩니다. 예를 들어, 문제를 만들어 서로 확인해 보세요. 무엇을 하더라도 좋습니다. 어떻게 하더라도 학급 전원이 정말로 이해하기 위해서 가능한 것을 해 주기 바랍니다."

그런데 "자, 전원 달성했으니, 다음 과제를 냅니다"라고 말해서는 안 됩니다. 왜 그럴까요?

능력 있는 학생의 기분을 생각해 보세요. 이런 지시를 하면 전원 달성에 대해 제멋대로 생각하게 됩니다. 그리고 다른 친구를 도와주지 않고 다음 과제를 공부할 것입니다. 그래서 처음 과제에 추가하는 것은 피해야 합니다.

처음에 제시한 과제를 전원이 정말로 이해할 것에 집중시켜 주세요. 교사가 '언제까지 이것과 이것을 달성해 주세요'라고 학생에게 요구했으면 그것을 바꾸어서는 안 됩니다.

소중한 것은 칭찬과 깨우침이다

저는 지금까지 많은 분에게 함께 배움의 입문을 지도해 왔습니다. 수업에서 제가 가장 많은 조언을 하는 것이 바로 "미소"입니다.

교사에게는 학생들이 잘못하는 것이 눈에 먼저 들어옵니다. 그렇게 되면 "이건 안 돼", "저것도 안 돼"라고 안 된다는 말만 하게 됩니다. 표정도 어두워집니다.

물론 주의를 주어야만 합니다. 수업 중에 해서는 안 되는 행위에 대해선 안 된다고 표정으로, 집단 특히 학급을 리드하는 학생에게 전해지도록 하는 것이 중요합니다. 단, 실패를 통해 배우는 사람은 그렇게 많지 않다는 것을 이해해야만 합니다. 사람은 성공 체험으로 성장합니다.

확실히 함께 배움에서는 노는 학생이 나타납니다. 하지만 그 학생을 움직이게 하는 힘이 교사에게는 없습니다.

물론 교사의 말에 움직이는 학생도 있습니다. 그 학생은 그 학생 나름대로 노력하고 있습니다. 그 학생이 하는 것을 칭찬하고 웃는 얼굴을 보임으로써 에너지를 채워 주어야 합니다.

함께 배움은 수업의 처음과 마지막에 '말하기'를 합니다. 그 말하기가 무겁게 되는 때가 적지 않습니다. 이야기가 무거울수록 그것을 지워 주는 칭찬을 해야 합니다. 대체로 1 대 5 정도의 비율로 칭찬할 필요가 있습니다.

여러 가지 말하기를 하더라도 그것은 학생들에 대한 사랑에서 나온 것이고, 많은 것을 요구하는 것은 학생들이 그것을 극복할 수 있다고 믿기 때문이라고 말해 주세요. 물론 함께 배움을 이제 막 시작한 단계에서는 학생들을 믿는 것이 어려울 수도 있습니다. 그렇다고 하더라도 학생들이 극복했을 때 '멋지다'는 기분은 거짓이 아닐 것입니다. 적어도 일주일에 한 시간 정도는 그것을 정말로 '멋지다'라고 생각해 봅시다.

학교는 어린이를 어른으로 자라게 하는 곳입니다. 그런데 초등학교는 그것을 중학교의 일이라고 생각하고, 중학교는 고등학교의 일이라고 생각합니다. 고등학교는 대학이나 사회의 일이라고 생각합니다. 그리고 자신들은 어린이를 어린이로만 대하고 있습니다. 이것은 잘못입니다. 초등학교도 중학교도 고등학교도 어린이를 어른으로 자라게 하는 곳입니다.

함께 배움이 잘되지 않을 때

새로운 것을 시작하기 때문에 단번에 성공하지 못할지도 모르겠습니다. 학생이 잘 움직이지 않을 경우도 있습니다. 보호자가 항의할 수도, 상사로부터 말을 들을 수도 있습니다.

하지만 괜찮습니다. 왜냐하면 그와 같은 일들의 원인은 이 책에 쓰인 대로 하지 않았기 때문입니다.

사람은 기존 인식의 틀로 새로운 것을 이해합니다. 그래서 이 책에 '○○을 해 주세요'라고 쓰여 있지만 '거기까지 하지 않더라도……'라고 생각할 때도 있습니다. 반대로 책에는 '○○을 해서는 안 된다'라고 쓰여 있어도 '그렇게 말하더라도 조금은 괜찮을 거야'라고 생각하기도 합니다. 이것이 실패의 원인이 됩니다.

이 책에 쓰인 것은 방대한 학술 데이터와 다양한 학교 단계, 교과, 지역, 학생 집단에서의 실천을 바탕으로 한 실천 데이터에 의해 음미되고 개선된 것입니다. 그러므로 적어도 주 1회의 함께 배움에서는 이 책에 쓰인 대로, 그대로 실천해 주세요.

'입문자는 들은 그대로 한다'는 것은 테니스의 벽 치기, 검도의 목검 흔들기, 유도의 낙법과 같습니다. 이 책을 다시 살펴보고 자기류의 유무를 점검하시기 바랍니다.

함께 배움이 잘되지 않는 첫 번째 원인은 무엇을 위해 함께 배움을 시작하는가를 충분히 이야기하지 않았기 때문입니다. 이 책의 1장을 다시 읽고, 그것을 때때로 이야기해 주세요. 그리고 수업 마지막에는 그것에 따라서 말해 주세요. 즉, 수업의 처음과 마지막의 말하기가 핵심입니다.

교장이라고 생각해 보세요. 혹시 교장이 설명도 없이 갑자기 방침을 변경했다면 현장은 곤혹스럽겠지요. 그래서 교장은 왜 방침을 변경했는지 설명해야만 합니다. 그리고 지금 일어나고 있는 실태를 밝히고 변경한 방침을 설명한다면 교장의 진의가 전해질 것입니다.

두 번째 원인은 잘되지 않는 학생에게 마음을 빼앗겨서 정말로 해야 할 것을 놓쳐 버렸기 때문입니다. '○○가 이런 것을 하고 있네'라고 고민하는 교사가 바로 이 경우입니다. 분명한 것은 교사에게는 그 학생을 바꾸게 하는 힘이 없다는 것입니다. 교사의 노력 부족, 능력 부족이 아니라 애초에 교사에게는 무리입니다. 그래서 그 학생에게 무엇인가를 해주려고 접근하는 것은 헛수고일 뿐입니다.

그 대신에 해야 할 것은 학급을 끌고 가는 학생의 마음에 다가가는 말을 하는 것입니다. 그리고 지켜보는 것입니다. 함께 배움은 얼핏 보면 교사는 아무것도 하지 않는 것처럼 보입니다. 그런데 교사는 계속 관찰하고 있습니다. 문제를 일으키는 학생에게 마음을 빼앗기지 않고 학급 전체를 보면 학급을 이끄는 학생이 학급 전체를 위해 노력하는 모습이 보일 것입니다. 그것을 알아차리면 그 학생은 '보고 계시구나'라며 안심하고, 더 노력할 것입니다.

교직원회의 때 나오는 발언의 8할은 2할의 직원들이 합니다. 어떤 학교도 이 사람들이 집단을 이끕니다. 이들이 교장의 마음을 이해하고 공감하느냐가 중요합니다.

세 번째 원인은 학생을 온전히 믿지 못하기 때문입니다. 그래서 그룹을 지정하거나 개별 지도를 합니다. 그것은 친절함도 배려도 아닙니다. 학급을 이끄는 학생은 믿고 맡길 때 움직이기 시작합니다. 교사가 이것저것 하고 있으면 교사에게 맡겨 버립니다. 하지만 교사 혼자서 모든 것을 할 수 없습니다. 죽도 밥도 되지 않습니다.

이것도 교장으로 바꾸어 생각해 볼까요. 일일이 세밀하게 지시를 한다면 교사들은 어떻게 할까요? 아마도 대부분은 교장에게 맡겨 버리겠지요. 하지만 그 의미를 밝히고 방침을 유지하면서 그 일을 교사들에게 맡겨 준다면 어떻게 될까요?

함께 배움은 어린이를 어른으로 성장시키는 배움이고 가르침입니다. 교사와 학생의 관계는 교장과 교직원의 관계와 같습니다. 자신의 행동을 점검하는 가장 좋은 방법은 '교장이 했다면 어떻게 될까?'라고 생각해 보는 것입니다.

이 책에 쓰인 대로 한다면 문제는 일어나지 않습니다. 만약 문제가 일어났다면 어떻게 하면 좋을까요? 우선 이 책을 다시 살펴보시기 바랍니다. 저는 지금까지 수천 명의 선생님을 지원했습니다. 모든 수업을 함께 배움으로 한 입문 단계 선생님의 상담 메일 95%는 이 책에 쓰인 것을 다시 읽어 보면 해결됩니다. 더구나 주 1회 정도라면 100%라고 단언합니다.

함께 배움이 잘되지 않는 원인을 발견했다면, 솔직하게 사과하고 어떻게 하면 개선할 수 있을까를 이야기합시다. 보호자나 상사가 아닌 학생에게 사과하는 것에 대해 저항감을 느끼는 분이 있을지 모르겠습니다. 하지만 함께 배움의 성립 여부는 어른의 속마음을 읽어 내는 학급을 이끄는 학생에게 달려 있습니다. 솔직히 사과하고 설명합시다.

함께 배움은 단순한 수업 방법의 개선이 아닙니다. 학생들의 30년 후, 40년 후의 인생을 확실히 하기 위함입니다. 그런 각오로 가르치고 있다는 것을 성실히 겸허하게 말해 주세요.

다음 단계로 전진하기 위해서

함께 배움은 주 1회라도 효과가 있지만 한계도 있습니다. 그것을 이해해야 합니다. 예를 들어, 주 1회 정도로 성적은 오르지 않습니다. 그렇다고 내려가지도 않습니다.

그 대신 인간관계 개선의 실마리는 보일 것입니다. 지금까지 보이지 않았던 학급의 맨얼굴도 보이겠지요. 그것은 함께 배움에 의해 생긴 것이 아닙니다. 단지 더 분명하게 보였을 뿐입니다. 쉽게 보이기 때문에 개선의 실마리도 보이는 것입니다.

어느 정도 실천하면 함께 배움은 정립된 이론이 있고 방법론이 있다는 것을 이해하실 것입니다. 그런 생각이 든다면 다음 단계로 옮겨 가도 좋습니다.

전국에는 함께 배움의 실천자가 참가하는 모임이 있습니다(한국에도 함께배움연구회가 있음-옮긴이). 그 모임에 참가해 의문점을 던져 주세요. 당신이 느끼는 의문은 모든 함께 배움 실천자가 느끼는 의문입니다. 다양한 사람과 대화하다 보면 당신에게 딱 맞는 설명을 들을 것입니다. 가능하면 다른 사람의 실천을 참관할 것을 강력하게 권합니다.

필시 차기 학습지도요령에는 액티브 러닝이 도입될 것입니다. 그래서 지금 함께 배움에 익숙해지려고 생각하는 분도 있을 것입니다. 그것은 올바른 선택입니다. 그런데 한 발 더 나가 생각해 주셨으면 하는 것이 있습니다.

지금 양질의 정보가 세상에 넘쳐나고 있습니다. 소위 명인 선생님의 수업을 무료로(또는 염가로) 인터넷에서 시청할 수 있는 시대입니다. 일례로 학생들이 온라인 시스템에서 문제를 풀면 자동적으로 채점되고 그 결과가 기록되어 그것에 기초해 적절한 보충 과제가 제공됩니다.

앞으로 10년이 지나면 어느 정도 진보할까요? 지금 교사의 일이라고 생각되는 수업, 판서, 발문發問이 인터넷에서 주는 정보로 대체되는 시대가 도래하고 있습니다.

"성적 중위권 학생에게 맞춘 선생님의 수업에서는 우리 아이의 학력은 보장되지 않습니다. 선생님의 수업은 방해하지 않겠으니 수업 중에 태블릿으로 공부하게 해 주세요"라고 상위권 학생의 보호자가 요구한다면 어떻게 대응하시겠습니까? 10년 후, 교사의 역할은 학생들 집단을 움직여 의욕을 갖게 하는 것일 겁니다.

함께 배움은 그런 교육의 첫 장입니다.

5장

보호자·학생에의 대처 방법

학생과 보호자로부터 이해 구하기

주 1회 정도의 함께 배움 수준이라면 학생이나 보호자는 위화감을 느끼지 않을 것입니다. 그래도 유비무환, 보호자에게는 그 나름의 설명을 하는 것이 좋습니다.

설명은 간단합니다. '액티브 러닝을 도입한 수업', '언어활동을 중시한 수업', '인성 지도를 포함한 교과 지도' 등을 생각할 수 있습니다. 설명의 핵심은 '그것도 도입하고 있다'입니다. 그것을 일부 도입하고 있다고 하면 누구도 반대하지 않겠지요. 당신도 그렇게 생각하면 안심이 되겠지요.

당신이 학급 담임이라면 학생들이 활동하는 모습을 사진으로 찍어서 학급 통신에 소개해 주세요. 단, 한 가지 주의할 점이 있습니다. 학급 명부를 보면서 글에 언급된 학생, 사진에 나온 학생을 점검해 주세요. 그리고 가능한 한 전원을 언급해 주세요. 보호자 눈엔 자신의 아이가 먼저 들어오기 때문입니다.

압도적으로 대부분의 학생들은 함께 배움을 바로 받아들입니다. 활력이 넘치는 어린이에게, 선생님의 이야기를 바른 자세로 조용히 듣고 칠판에 쓰인 것을 노트에 적을 것을 요구하는 것이 지금의 수업입니다. 그런데 돌아다녀도 좋아요, 모른다면 친구들과 이야기해도 좋아요, 하지만 모두가 이해해야 한다는 것을 요구하는 것이 함께 배움입니다.

극히 일부의 학생이 함께 배움에 의문을 가집니다. 그 학생이 보호자에게 의문을 이야기하고 그 보호자는 함께 배움에 대해 이의를 제기할 것입니다.

그뿐만 아니라 갑자기 교육청에 연락하는 보호자도 있습니다. 이렇게 되면 힘들어집니다.

교사는 학생 전원의 책임을 지고 있습니다. 때문에 설령 9할의 학생과 보호자가 지지하더라도 1할의 학생을 포기하면 안 됩니다. 그처럼 포기하는 교사는 참다운 함께 배움을 할 수 없습니다.

어떤 학생이 함께 배움에 의문을 가질 것인가를 이해하고 대책을 사전에 실시해야 합니다. 그것을 소홀히 해서 일이 발생하고, 고생하고 있는 교사를 몇 사람이나 알고 있습니다. 저의 노파심을 이해해 주시기 바랍니다.

학급 통신을 잘 활용하기

  종래의 수업은 '조용히', '앉아서', '노트에 쓰기' 수업입니다. 학생들은 그 수업만을 받아 왔습니다.

  수업의 참뜻은 이해하는 것입니다. 학생과 보호자들은 학생이 이해한다면 방법이 바뀌어도 대부분 받아들입니다. 그런데 이해하는 것 이상으로 선생님의 이야기를 바른 자세로 조용히 듣고, 칠판에 있는 것을 노트에 적는 행동 자체가 수업의 목적이라고 생각하는 학생도 있습니다. 많은 경우 그 보호자도 그렇게 생각합니다. 그리고 누구라고 할 것 없이 교사도 수업 규율이나 학습 규칙으로서 이것을 중요시합니다.

  이런 의식을 바꾸는 것은 힘이 듭니다. 이 책은 어디까지나 함께 배움을 시작해서 최초의 3개월, 그리고 주 1회 정도의 실천을 지원하기 위한 것이므로 깊게 들어가지 않겠습니다.

  다만 간단히 말하면 교육기본법 제1조에는 "교육은 인격의 완성을 목표로, 평화롭고 민주적인 국가 및 사회의 형성자로서 필요한 자질을 갖춘, 몸과 마음 모두 건강한 국민의 육성을 위해서 행하지 않으면 안 된다"라고 되어 있습니다.

민주적인 국가의 규율과 규칙이 무엇일까를 다시 생각해 볼 필요가 있습니다. 물론 이 의식 개혁에는 시간이 걸립니다.

어디까지나 주 1회라는 것을 강조한다면 대부분 이해해 줄 것입니다.

비민주적인 국가와 달리 민주적인 국가에는 규율이 없다고 생각하시나요? 정말로 그렇습니까? 민주적인 일본에는 규율이 없습니까? 저는 있다고 생각합니다. 하지만 비민주적인 국가의 규율과는 다릅니다. 주 1회 학생들의 모습을 보면서 민주적인 국가의 규율은 무엇일까 학생들과 함께 고민해 봅시다. 민주적인 국가의 규율은 국민이 그 규율의 의미를 이해해야만 비로소 성립하는 것입니다.

초등학교, 중학교에서는 학급 통신의 회신란을 통해 보호자로부터 변화된 학생의 모습을 알게 되는 경우가 있습니다. 그때 보호자의 양해를 얻어서 학생의 변화된 모습을 학급 통신에 소개합니다. 틀림없이 그것이 계기가 되어 많은 보호자가 다양한 사례를 써 줄 것입니다.

이러한 사례를 자주 소개하면 주변의 보호자가 긍정적으로 보고 있다는 것을 학급 통신을 통해 알게 되어, '그래 맞구나'라고 판단할 수 있습니다.

일부 학생의 불만을 해소하는 방법

함께 배움이 제대로 궤도에 올라 '좋다'는 생각이 들 때 생각도 하지 못한 학생의 보호자로부터 저항이 와서 당황하는 경우가 있습니다. 십중팔구는 다음과 같은 사례입니다.

학급에서 성적은 상위권이고 다른 사람을 잘 배려하는 유형의 착한 학생이 있습니다. 학급 경영을 할 때 믿음직한 학생입니다. 함께 배움을 할 때 많은 친구가 이 학생에게 의지합니다. 많은 학생이 이 학생에게 다가가 가르쳐 달라고 합니다. 그러면 이 학생은 웃는 얼굴로 "좋아"하면서 가르쳐 줍니다. 그리고 "알겠다. 고마워"라고 말하고 한 학생이 가면, 다른 학생이 "가르쳐 줘"라며 다가옵니다. 이런 모습을 보면 교사는 멋지다는 생각을 합니다.

이제 그 학생의 입장이 되어 생각해 보세요. 자신은 다른 사람을 가르치느라 힘든데 선생님은 싱글벙글 웃고만 있습니다. 이렇게 되면 '선생님은 자신이 편하고자 함께 배움을 하고 있다'고 생각합니다. 그리고 참고 참다가 마지막에는 울면서 보호자에게 '선생님이 편하려고 함께 배움을 하고 있다'고 호소합니다.

무엇이 문제일까요?

함께 배움에서는 모두가 모두를 서로 돕는 것을 중요시합니다. 그런데 그 부담이 일부의 학생에게 집중되기 때문에 불만이 생기는 것입니다.

어떻게 하면 좋을까요? 상세한 것은 『교사의 말하기』에 나와 있으므로 참고하시기 바랍니다. 간단히 말하면 학생에게 솔직히 사과하는 것입니다.

학급에는 다른 사람을 가르치느라 자신의 공부를 할 수 없는 친구가 있다는 말을 합니다. 그리고 이런 일이 일어난 까닭은 모두가 모두를 서로 돕는 학급이 되지 않았기 때문이라고 말합니다. 그 근본적인 원인은 그것을 제대로 전하지 않았던 선생님에게 있다고 사과합니다. 그리고 "배울 때는 특정한 사람한테만 배우는 것이 아니고 다양한 사람에게 배우는 것이 중요하다", "여러 사람이 이해하지 못한 사람을 찾아서 가르치는 것이 소중하다"라고 말합니다.

이렇게 말하더라도 상대적으로 일부의 학생에게만 집중될 것입니다. 왜냐하면 그 학생의 설명이 이해하기 쉽고 다른 사람의 마음을 잘 배려하기 때문입니다. 그렇지만 모두가 하고 있으므로 '왜 나만!'이라는 불만은 사라질 것입니다.

사귐이 서툰 학생이 있는 경우

학급에는 고립 경향의 학생이 있습니다. 두드러지게 나타나지는 않지만, 그 학생 주변의 학생도 적극적으로는 서로 교제하지 않습니다.

하지만 이 학생은 마음속으로 '그래도 좋아'라고 생각하고 있지는 않습니다. 쉬는 시간이 되면 도서관으로 피한다거나 교무실 앞에서 어슬렁거린다면, 그것은 너무 외롭기 때문입니다.

함께 배움을 하면 이 학생이나 보호자가 이의 제기를 할 가능성도 있습니다. 지금까지는 고립감을 느끼는 때가 쉬는 시간뿐이었는데 수업 시간에도 그런 상황이 계속되기 때문입니다.

자, 몇 가지 생각해 볼 점이 있습니다. 이 학생이 고립감을 느끼는 것은 함께 배움이 원인일까요?

아닙니다. 함께 배움에 의해 학급의 맨얼굴이 더 잘 보였을 뿐입니다. 그렇다고 해서 이 학생의 지금 상태를 그대로 두어야 할까요?

당연히 아니겠지요. 종래의 수업에서는 위와 같은 학급의 맨얼굴이 잘 보이지 않아서 해결할 수 없었습니다. 즉, 보이지 않았기 때문에 교사는 안심했던 것이지요. 자, 어떻게 할까요?

먼저, 고립된 학생을 어떻게 해서라도 구하려고 하는 마음을 버리세요. 아마 완전히 버리지는 못하겠지만 그래도 노력해 주세요. 그 학생을 위해서 무엇인가를 하더라도 주위의 학생은 반응하지 않을 것입니다. 자신에게 이익이 없기 때문입니다. 그 대신 학급 전원에게 한 사람도 포기해선 안 된다는 것을 철저하게 요구하세요. 그렇게 하면 서서히 개선됩니다. 결국 학급 전체라는 관계가 생기면 학급 구성원인 그 학생도 당연히 포함되는 것입니다.

교사는 고립 경향의 학생에게 "자, 물으러 다니세요"라고 재촉할 것입니다. 하지만 그것은 절대로 무리입니다. 질문하러 가더라도 받아 줄 것이라고 생각하지 않기 때문입니다.

그 대신 학급 전체에게 한 사람도 포기하지 말 것을 요구합시다. 그러면 학급 성적 상위권이면서 교사의 말을 잘 듣는 학생이 가르치러 갈 것입니다. 그것을 칭찬한다면 서서히 변할 것입니다.

아스퍼거 경향의 학생이 있는 경우

함께 배움에서 가장 힘든 것은 아스퍼거 경향의 학생입니다.

왜냐하면 함께 배움은 교류를 통해 교류의 장점을 느껴서 촉진되는 학습인데, 아스퍼거 경향의 학생은 집단 속에서 교류하면 교류할수록 문제를 일으키는 경우가 있습니다.

그래서 함께 배움을 오랫동안 실천하고 있는 사람이 담당 시간 전부를 함께 배움으로 가르친다고 하더라도 어렵습니다. 아스퍼거 경향의 학생이 집단 속으로 들어오기 위해서는 적어도 3개월, 길게는 1년 이상이 걸립니다.

이렇게 시간이 걸리는 까닭은 일대일 대응이 되지 않기 때문입니다. 앞에서 기술한 사귐이 서툰 학생의 경우 "가르쳐 줄게"라고 말하고 다가가면 기뻐합니다. 적어도 거부하지는 않습니다.

하지만 아스퍼거 경향의 학생은 강하게 거부합니다. 따라서 그 학생에게 다가갈 때는 한 사람이 아닌 몇 사람이 함께해야만 합니다. 그와 같은 상태가 되기 위해선 대부분의 학생이 함께 배움을 통해 한 사람도 포기하지 않는다는 것을 너무나 당연하게 생각해서, 거부하더라도 계속 시도하는 것이 자신에게 유리하다는 것을 이해해야만 하기 때문입니다. 최소한 3개월이 걸리는 것은 그런 이유입니다.

아스퍼거 경향의 학생이 있는 경우, 그 보호자에게 사전에 지도의 의미를 설명합니다. 그리고 단기적으로는 고독한 기분을 느끼지만, 교사가 지원할 것이라고 말해 주세요. 최종적으로는 그 학생이 받아들여지는 학급으로 만들고 싶다는 것을 전하기 바랍니다. 그리고 보호자에게서 그 학생이 잘하는 것과 좋아하는 것을 알아내 그것을 과제에 의도적으로 도입해 보세요. 그러면 보호자는 '우리 아이를 특별히 배려해 준다'는 생각을 할 것입니다.

문제가 일어난 다음에는 보호자에게 설명하더라도 이해하지 못할 것입니다. 문제가 일어나기 전에 확실히 설명해야 합니다. 해결에 시간이 걸리는 아스퍼거 경향의 학생은 특히 그 설명이 중요합니다. 그리고 집단을 중시하는 함께 배움의 이론에 반하는 개별 대응을 해서는 안 됩니다.

사소한 불만이나 문제도
모두의 힘으로 해결한다

이 장에서 기술한 것처럼 학생과 학부모의 사소한 불만이나 문제를 잘 배려하면 오해나 문제는 많이 줄어듭니다. 하지만 완전하지는 않습니다. 집단적인 호모 사피엔스의 행동은 상당히 안정되어 있고 예측 가능하지만, 한 사람 한 사람의 움직임은 예상하기 어렵습니다. 예외가 많습니다.

그러므로 정기적인 설문조사를 권합니다. 설문에 함께 배움의 좋은 점과 싫은 점, 곤란한 점을 쓰게 합니다. 아마 많은 학생이 함께 배움에 대해 긍정적으로 쓸 것입니다. 그런데 이 장에서 언급한 학생(혹은 다른 사람도)은 불만이 있을 수 있습니다. 그 불만을 거론해 주세요. 그리고 모두의 힘으로 해결하는 것입니다.

함께 배움은 한 사람도 포기하지 않는 것을 중요하게 생각합니다. 혹시 불만이 있는 사람이 소수라 하더라도, 소수니까 무시해도 좋다고 생각한다면 함께 배움은 허물어질 것입니다.

한 학생이 불만을 품고 있으면, 그것은 그 학생에게만 해당되는 것이 아니라 학급 전체의 문제가 그 학생에게 극단적으로 나타난 것이라고 생각해야 합니다.

학급에는 다양한 문제가 발생합니다. 문제가 발생했을 때 교사는 무엇을 해야 할까요?

이제까지는 교사 혼자서 해결책을 생각하고 그것을 학생들에게 요구했을 것입니다. 그것은 본질적인 해결책이 아닙니다. 예를 들어 A와 B 사이에 싸움이 있었다고 합시다. 아마도 교사는 두 사람을 비교해서 어느 쪽이 원인인가를 판단해 별실에서 두 사람을 지도할 것입니다. 하지만 당신의 판단이 맞다고 해도 싸움의 원인이라고 생각된 학생은 절대로 승복하지 않을 것입니다. 게다가 이후에 싸울 때마다 당신은 중재를 해야만 할 것입니다.

그럼 어떻게 하면 좋을까요?

싸움이 일어났으면 그것을 모두에게 알리고, 모두의 힘으로 해결해야 한다고 말합니다.

결국 학력 향상과 마찬가지로 인간관계도 학생들이 해결하려고 하지 않는 한 본질적인 해결은 있을 수 없습니다. 돌아가는 길인지 모르지만 이것이 유일한 근본 치료법입니다.

초·중·고 학교급에 따른 특성 고려

함께 배움은 초등학교, 중학교, 고등학교의 차이는 거의 없지만, 각 학교급에 따른 특성은 고려해야 합니다.

초등학교 저학년의 경우 함께 배움을 실시하면 싸움이 일어날 가능성이 있습니다. 지금까지 혼자 놀면서 교류가 없었던 어린이들이 교류하기 때문에 그런 것이지요. 이것을 건전한 인간관계로 이끌기 위해 고려해야할 점은 교사가 해결하지 않는다는 것입니다. 교사는 두 사람의 변명을 학급 친구들 모두 앞에서 냉정히 말하는 것만을 철저하게 지킵니다. 이때 '좋다 / 나쁘다'는 말하지 않습니다. 어디까지나 사회자 역할에 충실합니다. 그리고 싸움의 당사자가 아닌 어린이들에게 어떻게 해결해야만 하는지를 여러 번 이야기합니다. 이렇게 하면 싸움은 일어나지 않고 일어나더라도 중재할 수 있는 집단으로 육성할 수 있습니다.

사실 함께 배움의 도입이 가장 간단한 것은 초등학교 1학년입니다. 싸움만 주의하면 바로 실현 가능하기 때문입니다. 한 사람도 포기하지 않는다고 말하면 액면 그대로 받아들입니다. 그런데 학년이 올라갈수록 인간관계의 부정적인 면이 축적되어 있고, 초등학교 고학년 이상이 되면

2인 그룹화가 진행됩니다.

　이전의 연구에서 학급 교체 전에 '누구와 사이가 좋은가?'라는 질문을 하고, 그 응답을 살펴보니 완전히 2인 그룹화되어 있었습니다. '학급이 바뀌어도 친구 관계를 유지할 것인가?'라는 질문에는 유지한다고 응답했습니다. 우리는 학급 교체 당일 학생들의 모습을 기록했습니다. 그 결과를 보니, 그날로 기존의 친구 관계는 해체되고 새로운 2인 그룹이 형성되었습니다. 2인 그룹은 '마음에 드는 사람끼리 ~하시오'라고 할 때 혼자가 되지 않기 위한 보험입니다. 학급이 다르면 그 기능은 사라지기 때문에 친구 관계는 해체되는 것입니다.

　이와 같은 2인 그룹화가 강한 상태의 학급에서 교사가 새로운 그룹을 구성해 떼어 놓으려고 하면 상호작용은 없어집니다. 다른 학생과 사이좋게 지내는 것을 단짝이었던 친구가 보면 배신당했다고 생각할 것을 염려하기 때문이지요.

　강제적으로 그룹을 구성하지 않고 함께 배움을 지속하면, 2인 그룹으로 여러 곳에 이야기를 하러 갑니다. 그것이 축적되면 2인 그룹이 약해집니다.

　건전한 학급 집단으로 성장하면 2인 그룹은 눈에 띄지 않게 됩니다. 2인 그룹은 고립에 대한 불안감의 표현이기 때문입니다.

　학년이 올라가 고등학생이 되면 그룹화의 부정적인 측면은 더 누적된 상태가 됩니다. 초·중학교 때 같이 공부한 학생과 그렇지 않은 학생의 양극화가 심화된 결과로 이런 현상이 나타납니다.

　더 문제인 것은 고교의 선택과목입니다. 초·중학교는 선택과목이 없기 때문에 학급 단위로 움직입니다. 다양한 활동을 통해 좋든 싫든 인간관계가 형성되는데, 고교는 선택과목이 있어 그 시간에는 거의 인간관계가 없습니다. 무리해서 인간관계를 형성하려고 해도 그 시간뿐입니다. 이 때문에 클럽 활동 연계, 학급 연계의 소집단이 형성되고 그것을 넘어서는 교류가 발생하기 어려운 것이 현실입니다. 앞서 말한 대로 무리해서 소집단을 해체하면, 학생들은 전혀 움직이지 않습니다.

등학교에서 함께 배움을 시작할 때는 마음 열기 프로그램부터 시작하면 효과적입니다. 예를 들면, 네 장면의 만화를 조각내서 그것을 섞어 학급 모두에게 분배해 다시 조합해서 만화를 완성하게 합니다.

이때, 전원이 완성하는 시간을 잽니다. 어떻게 하면 빨리 완성할까를 생각하게 합니다. 만화가 아닌 교과의 도표나 단어의 설명글로 하면 수업 처음에 몇 번이라도 실시할 수 있습니다. 마음 열기 프로그램은 여러 가지가 있으므로 정보를 수집해 다양하게 활용할 수 있습니다. 다만 언제까지 그것에 의존해서는 함께 배움에서 정말로 원하는 어른이 되지 못한다는 것을 잊어선 안 됩니다.

일반 성인 사회에는 마음 열기 단계가 없습니다. 그러니 그것을 사용하지 않는 것을 목표로 해 주세요.

함께 배움에서 육성하려는 것이 선택과목 한 시간으로 완결된다고는 단정하지 못합니다. 학급 단위로 수업을 진행하는 수학, 국어의 함께 배움으로 집단 만들기를 꾀하고 다양한 사람과 교류해서 얻어지는 장점을 학생들이 실감하게 하면 효과적입니다.

또 다른 학년과 합동 함께 배움을 실시합니다. 같은 학년의 경우 몰라서 곤란해하는 학생이 있어도 다가가서 가르쳐 주는 것을 어려워합니다. 하지만 다른 학년과의 합동 수업을 할 때는 상급생이 잘 도와줍니다. 그것이 계기가 되어 선택과목에서도 소집단이 어울릴 가능성이 있습니다.

이 장에서 기술한 학생이나 보호자에 대한 배려를 합시다. 그리고 마지막까지 집단에 들어오지 못한 학생에게 다가가 개별 대응을 합시다. 그런 다음 함께 배움은 무엇을 위해 필요한 것인가를 확실하게 말합시다.

함께 배움을 포기하지 않는다

함께 배움이라는 새로운 학습에 당황해서 이를 거부하는 학생도 있습니다. 이것은 함께 배움뿐만 아니라 항상 일어나는 일입니다. 어떻게 하면 좋을까요?

우선 설문조사를 정기적으로 실시해 징조를 놓치지 말아야 합니다. 당황하거나 거부하는 학생이 있으면 기본은 그 학생과 일대일 면담을 하는 것 외에는 방법이 없습니다. 학생이 배움의 테두리에 들어오게 하려면 교사와 학생의 신뢰관계가 중요합니다. 이 학생이 어떤 것을 고민하는지를 이해하고 한 사람도 포기하지 않도록 수업 방법에 변화를 주세요. 동시에 앞으로의 사회는 어떤 사회인지, 그 속에서 모두가 행복하게 살 수 있는 능력을 획득하는 학습으로 되돌아가고 싶다는 것을 말해주세요.

면담에서는 "힘들게 해서 미안해"라고 먼저 말하고, 함께 배움을 실시하는 이유를 정중하게 설명합니다. 섬세한 학생은 교사의 의도를 잘 살피기 때문에 그 점은 이해할 것입니다. 그리고 "선생님은 함께 배움을 계속하고 싶은데, 어디를 어떻게 바꾸면 좋을까?"라고 물어봅니다.

"설명 시간을 더 길게 해 주세요"라고 하거나 "다른 사람과 말하지 않아도 좋도록 해 주세요"라고 말할지도 모르겠습니다. 교사는 한 사람도 포기하지 않는다는 원칙에 반하지 않는 범위에서 그 요구를 적극적으로 들어줍니다. 그렇게 하면 그 학생으로부터 신뢰를 얻고 단계적으로 익숙해지면서 함께 배움에 녹아들 수가 있습니다. 그것은 그 학생의 성장은 물론 집단의 성장과도 관련되어 있습니다.

일시적인 방법 수정으로는 15분 정도의 과제 해결 학습 시간과 종래 수업을 함께하는 등의 방법이 있습니다. 또 다른 학생들은 함께 배움을 하는 동안에 그 학생에게 개별 대응을 할 수도 있습니다. 대인공포증과 같이 극도로 의사소통하기 어려운 경우는 15분만 함께 배움을 하는 정도까지 후퇴할 수도 있습니다.

혹은 종래의 수업(강의)을 40분간 실시하고, 최후의 10분은 수업 내용을 확인하는 시간으로 합니다. 확인 방법은 미니 테스트 형식의 2분 내에 해결 가능한 문제를 내서, 그 답이나 해결 방법을 8분간 서로 이야기하도록 합니다. 조금씩 강의 시간을 줄여서 미니 테스트 속에 강의 내용을 가미하면서 비중을 바꾸어 가는 방법도 있습니다.

집단에 대한 대응은 정립된 방법이 있지만, 개인에 대한 대응은 천차만별입니다. 대화를 통해 모색할 수밖에 없습니다.

단, 한 가지는 주의해 주세요. 함께 배움은 단순한 학습 방법이나 수업 방법이 아닙니다. 사회에서의 문제 해결을 교사의 감독 아래 경험해 봄으로써 사회에서 살아남을 수 있는 성인이 되게 하는 것입니다. 함께 배움을 그만두는 것은 그 학생이나 학급 모두가 사회에서 살아갈 수 있는 어른이 되는 기회를 빼앗는 것입니다.

단언컨대 학생들이 지금부터 살아갈 세계는 훨씬 더 힘든 사회입니다. 앞에서 언급한 바와 같이 학생들의 50% 이상은 비정규직으로 취업합니다. 정규직이라고 하더라도 생애에 한두 번은 실직을 경험합니다. 이것은 공식적인 통계가 말해 주는 엄연한 사실입니다. 실업 상태에서 재취업의 가능성은 얼마만큼 다양하고 많은 인간관계를 맺고 있는가에 달려 있음을 학술 데이터가 보여 줍니다. 그 인간관계를 모든 어린이에게 줄 수 있는 것은 학교뿐입니다.

독립행정법인 일본학생지원기구(구일본육영회)의 이용자는 2011년에 129만 명입니다. 즉, 대학과 전문대학에 다니는 학생의 약 3분의 1이 이용하는데, 체납자는 2011년도 체납자가 33만 명입니다. 최종적으로 파산하는 사례도 늘고 있습니다.

생활보장제도가 있지만, 그것도 이용하지 못하고 굶어 죽는 사람 이야기가 뉴스에 나옵니다. 왜 그렇습니까? 부정 수급을 방지하기 위해 담당자가 제대로 된 신청서를 추궁하기 때문입니다. 실직해서 자기 효능감이 없는 사람에게는 질책의 소리로 들리겠지요. 그래서 체념하게 됩니다. 그렇게 되지 않으려면 생활보장 담당자에게 설명해 줄 수 있는 친구가 필요한 것입니다.

함께 배움에 적응하지 못한 채 사회에 나온 사람이 실직했다면, 직업을 소개해 줄 친구 또는 함께 가서 생활보호 담당자에게 설명해 줄 친구가 있을까요? 그와 같은 친구를 모든 어린이에게 보장할 수 있는 것은 학교입니다. 그리고 많은 학생에게 고등학교는 그 최후의 기회입니다.

초·중·고 어느 단계의 교사라도 고민을 즉시, 완전히 해결하고 싶어 합니다. 하지만 당연히 무리입니다. 어떤 문제라도 지금보다 나은 상태로 접근시키는 것만 할 수 있을 뿐입니다. 그것을 여러모로 끈질기게 쌓아 나가는 것이 완전한 문제 해결로 가까이 가기 위한 유일한 방법입니다. 그리고 일단 해결되었다고 생각하지만 언제 새로운 문제가 일어날지 모릅니다. 항상 정진해 주세요. 제자들이 험난한 세상에서 살아남을 수 있게 말입니다.

6장

학교 전체가 실천하는 방법

동료·상사에게 전하는 방법

앞 장에서 언급한 보호자나 학생을 설득시키는 것은 동료나 상사를 설득시키는 것보다 비교적 쉽습니다(예외적인 학생이나 보호자도 있지만).

왜냐하면 공부가 이해되고, 학교가 재미있으면 보호자도 학생도 납득해 주기 때문입니다. 몰라도 묵묵하게 듣는 수업보다는 함께 배움 쪽이 이해하기 쉽고 재미있는 것은 당연합니다.

그런데 교사인 동료나 상사를 납득시키는 것은 어렵습니다. 새로운 생각을 받아들이는 것은 자신의 과거를 부정하는 것이라고 생각하는 사람도 있습니다. 이렇게 되면 감정의 문제가 되기 때문에 곤란합니다. 논리적으로 결판이 나는 것은 쉬울 것입니다. 하지만 납득이 불가능한 사람도 있습니다. 납득하고 싶지 않다는 것은 설득당하지 않겠다는 것입니다.

예를 들어 여러분이 도코모의 휴대전화를 사용하고 있다고 합시다. 친구가 au의 휴대전화를 사용하는데, 그 친구가 요금이 10% 저렴하니까 au로 바꾸라고 하면 어떻게 하겠습니까?

아마도 바꾸지 않겠지요. 왜냐하면 귀찮기 때문입니다. 20%의 차이가 있어도 바꾸지 않을 것입니다. 그래도 몇 번이나 권한다면 당신은 어떻게 생각하겠습니까? 틀림없이 그 친구가 싫어지겠지요. 만일 당신 쪽이 힘에서 우위에 있다면 반대로 도코모로 바꾸라고 강권할지도 모르겠습니다.

가장 좋은 방법은 억지로 설득하기를 피하는 것입니다. 일을 복잡하게 만들지 않는 게 좋습니다. 그러므로 먼저 상황을 이해하고 바꾸고 싶지 않은 사람의 심리를 이해합시다.

지금 시대는 함께 배움으로 옮겨 가고 있습니다. 그 변화를 안전하고 확실히 하려면, 함께 배움을 추진하는 사람과 동시에 그것에 의문을 가진 사람의 존재도 절대적으로 필요합니다. 다양한 생각을 지닌 사람들이 함께 우리 교육에서 지켜야 할 것을 소중히 하면서 더욱 좋은 교육으로 만들어 가야 할 것입니다.

강하되 능숙하게 실천하다

함께 배움에 흥미가 있는 다른 학교 대학생이 있었습니다. 그 학생이 초등 교사로 임용되었습니다.

얼마 지나지 않아 다른 용건으로 전화를 걸었습니다. 그리고 "함께 배움은 하고 있나요?"라고 물었습니다. 신규 임용자이니 당연히 '될 이유가 없습니다'라고 응답할 것이라 생각했습니다.

그런데 "네, 모든 수업을 함께 배움으로 하고 있습니다"라고 하는 게 아닙니까. 놀란 저는 "관리직이나 선배 선생님이 지적하지 않았나요?"라고 물었습니다. 그러자 "우리 학교에서 제가 함께 배움을 하고 있다는 것을 아는 사람은 없습니다"라는 것입니다. 저는 더 놀라서 "나중에 알게 되겠지요?"라고 묻자, 그는 알아차리지 못하는 이유를 설명해 주었습니다.

그는 수업 처음에 일제 수업에서 하는 것처럼 판서를 합니다. 학생들은 "선생님, 이것 써요?"라고 묻습니다. "쓰지 않아도 좋아요. 선생님이 쓰고 싶어서 쓰는 것이니까"라고 응답합니다. 그러면 학생은 판서를 무시하고 함께 배움을 시작합니다. 또, 옆 학급에 방해가 되지 않도록 목소리를 낮추도록 학생들에게 전합니다.

즉, 복도를 지나가는 선생님에게는 빽빽하게 판서가 된 칠판이 보입니다. 학생들은 활발하게 돌아다니면서 이야기하고 있습니다. 그 모습을 싱글벙글하며 보고 있는 교사가 있습니다.

자, 어떻게 보일까요? 아마 일제 지도에서 서로 이야기하는 활동을 도입한 것처럼 보이겠지요. 그는 초임자 지도 교원이 있을 때의 수업이나 연구수업에서는 일제 지도의 수업을 했습니다. 그리고 질문을 받으면 "학생들의 교류를 교과 지도에 많이 도입하고 싶습니다"라고 대답합니다.

"그런 판서를 했다면 거짓이 아닐까요?"라고 묻자, "판서를 하면 저 자신이 하고 싶은 수업이 가능하기 때문이지요"라고 매끈하게 대답하더군요. 저는 "꾀쟁이네~"라고 한마디 했습니다.

물론 그렇게까지 꾀쟁이가 되지 않아도 좋습니다. 그리고 대부분의 사람에게는 이렇게까지 하지 않는 것이 안전합니다. 하지만 강하고, 능숙하게 실천하되 불필요한 마찰은 피해야 합니다.

본격적인 함께 배움

액티브 러닝에 대한 교육행정적 사항을 살펴보면, "액티브 러닝은 이미 실천하고 있습니다", "액티브 러닝은 지금 실천의 연장선입니다"라는 말들이 많다고 느껴지지 않습니까? 즉, "일부러 무언가를 하지 않더라도 괜찮습니다"라는 말들입니다.

그런데 이상하다는 생각이 들지 않습니까? 예를 들면 총합적인 학습 시간이 도입될 때나 언어활동의 중시가 학습지도요령에 명문화될 때, 그리고 현재 진행 중인 도덕의 교과화에 관해 언급할 때 "총합적인 학습 시간은 이미 실천하고 있습니다" 혹은 "도덕의 교과화는 지금 실천의 연장선입니다"라는 것을 굳이 강조하지는 않았습니다. 행정적으로는 "언어활동이 중시됩니다. 반드시 강하게 실천해 주세요"라는 전달을 했습니다.

그럼, 왜 액티브 러닝은 다른 것일까요?

그 이유는 '두려움'입니다.

지역의 교육행정을 담당하는 분들은 담당 지역의 학교, 교원의 실태를 잘 알고 있습니다. 학습지도요령의 높은 이념을 이해하지만, 그것을

100% 실천할 수 있는 교사가 많지 않다는 것을 알고 있습니다. 때문에 '총합적인 학습 시간'도 '언어활동의 중시'도 '도덕의 교과화'도 학교 현장에서 허울만 남으리라는 것을 예상합니다. 그리고 이것은 어쩔 수 없다고 생각하지만, 완전히 껍데기만 남으면 곤란하기 때문에 '노력해 주세요'라는 격려를 보내는 것입니다.

그런데 이번의 액티브 러닝에 대해서는 문부과학성의 진정성이 다릅니다. 대학입시까지 획기적으로 바꾼다고 합니다. 지방 교육행정 담당자는 그 진정성을 알고 두려워하고 있는 것입니다.

혹시 액티브 러닝을 100% 실천할 것을 정말로 요구하더라도, 현장의 실태는 불가능합니다. 때문에 "액티브 러닝은 이미 하고 있는 것입니다", "액티브 러닝은 지금 실천의 연장선입니다"라고 연호하는 것입니다.

즉, "억지로 무언가를 하지 않더라도 괜찮습니다"라는 언급은 사실을 전하고 있는 것이 아닙니다. 이것은 학교나 교사의 실태를 알고 있는 시도 교육청의 상황적 합리화에 지나지 않습니다.

교육계를 '비탄의 5단계'로 전망한다면

임종을 앞둔 환자가 어떤 행동을 할 것인가를 연구한 정신과 의사 큐브라 로스의 '비탄의 5단계설'은 흥미롭습니다.

제1단계는 그 존재(죽음)를 부인하고 심각한 것이 아니라고 무시합니다. 제2단계는 분노하고 공격적으로 됩니다. 제3단계는 거래입니다. 제4단계는 억울입니다. 그리고 제5단계는 수용입니다.

의사가 환자에게 불치의 병이라고 선고하면, 환자의 첫 반응은 그럴 리가 없다고 무시합니다. 지금 교육계에서 일고 있는 "액티브 러닝은 이미 하고 있는 것입니다", "액티브 러닝은 지금 실천의 연장선입니다"라는 말들이 무시에 해당합니다. 하지만 피할 수 없는 현실이라는 것을 이해하면 제2단계로 넘어갑니다.

다음 교육계의 반응은 '불가능할 것이다', '현장이 혼란스러워질 것이다'라는 탄식과 같은 분노입니다. 지금, 대학입시 개혁, 학습지도요령의 개정을 유명무실화하려는 정치투쟁이 문부과학성의 깊은 곳에서 일어나고 있습니다. 아마도 약간의 흔들림은 있겠지만, 이번 일련의 교육개혁은 저출산 고령화된 일본의 생존 대책이기 때문에 큰 흐름은 변하지 않을 것입니다. 그 현실에 직면하는 것이 제3단계인 거래입니다.

구체적으로는 "본교에서는 액티브 러닝을 적극적으로 도입하고 있습니다"라고 하면서 다양한 방법이 난립합니다. 그 대부분은 변하고 싶지 않은 교사가 생각하는 액티브 러닝이기 때문에, 하는 척하는 것으로는 벽을 넘어갈 수 없습니다. 즉, 대학입시와 같은 장벽에 부딪히게 됩니다. 그렇게 되면 제4단계의 억울한 상태로 옮겨 갑니다.

그때까지 액티브 러닝에 강하게 반대한 교사, 혹은 하는 척하는 것으로 끝내고 싶은 교사는 자신의 '둥지' 속으로 움츠러들어 오로지 퇴직 날짜만 헤아리게 됩니다.

결과적으로 반대 세력이 약화되어 최종적으로는 수용하기에 다다릅니다. 즉, 액티브 러닝을 적극적으로 추진하고 새로운 교육을 구축하려는 사람들이 교육을 주도하게 됩니다.

이상과 같이 현상을 분석하면 다양한 움직임을 객관적으로 볼 수 있고, 다음을 예측할 수 있습니다.

개념 전환을 위해서

포스너의 개념 전환 모델에 의하면, 우리가 개념을 바꾸기 위해서는 다음의 네 가지 조건이 필요합니다.

첫째, 선행 개념에 대한 불만이 있어야 한다.
둘째, 새로운 개념을 이용할 수 있어야 한다.
셋째, 새로운 개념을 더 갖고 싶어야 한다.
넷째, 새로운 개념이 기존 개념보다 더 생산적이어야 한다.

잘 살펴보면 첫 번째 이외에는 실제로 행동해 보아야 이해할 수 있는 것들입니다.

저는 오랫동안 휴대전화가 없었습니다. 제 주위 사람들 대부분이 사용하는데도 말입니다. 그런데 사용해 보니 이것처럼 편리한 것이 없었습니다. 오랫동안 고집스럽게 멀리했던 제 자신이 바보 같다는 생각이 듭니다. 블로그도 전자 메일도 마찬가지입니다. 지금은 저의 3종 신기神器가 되었습니다.

그것을 좀처럼 사용하지 않았던 까닭은 휴대전화가 없어도 생활할 수 있었고, 불만이 별로 없었기 때문입니다.

휴대전화를 손가락으로 재빨리 다루는 학생의 모습은 마치 마법과 같았습니다. 그래서 제가 그것을 사용하기는 상당히 힘들 것으로 생각했습니다. 간단히 말하면 귀찮기도 했습니다. 그래서 이것저것 이유를 대면서 미루었던 것입니다.

즉, 제가 휴대전화에 대한 개념 전환이 어려웠던 이유는 첫 번째와 두 번째 조건 때문이었습니다.

이 책대로 한다면 함께 배움은 가능합니다. 따라서 두 번째 조건은 해결됩니다.

문제는 첫 번째 조건입니다. 유감이지만 현재 상황에 불만을 품고 있지 않은 사람이 많습니다. 예를 들어 몇 년에 한 명 정도 학급에 등교 거부가 발생한다면, '어쩔 수 없는 재난'이라고 생각해 결코 자기 자신 때문에 일어난 일이 아니라고 여깁니다. 사람 때문에 생긴 일이라고 하더라도 그것은 이전 담임이나 이전 학년 또는 부모 탓이고 그것을 유지하고 있는 것은 결코 자신이 아니라고 생각하겠지요.

평가에서 학급 평균이 예상 점수보다 조금이라도 높으면 결과가 좋다고 생각하겠지요. 평균점 향상은 예상 점수보다 수십 점 낮은 학생이 있어도 만점 학생이 몇 명 있으면 가능합니다. 예상 점수보다 수십 점 낮은 학생이 있어도 '그것은 어쩔 수 없지'라고 생각하는 것은 아니겠지요?

특별 지원이 필요한 학생이 있을 경우, 그 학생이 계속 문제를 일으킨다면 적절한 학교에 입학시키지 않은 부모가 문제라거나 보조원을 배치하지 않은 학교가 나쁘다고 생각하고 있지 않나요?

이것은 함께 배움도 같습니다.

이 책을 읽으면 자신도 함께 배움이 가능하다는 걸 알게 됩니다. 또, 함께 배움이 차기 학습지도요령의 키워드이고 객관적으로 인정되고 있다는 걸 많은 교사가 알고 있습니다. 그리고 현재 일제 수업을 하는 교사도 학생들이 주체적이고 협동적으로 학습하는 것은 좋은 일임을 알고 있습니다.

하지만 현재 상황에 불만이 없으므로 함께 배움을 하려고 하지 않습니다. 따라서 함께 배움을 실천하기 위해 책을 읽지 않습니다. 함께 배움을 하지 못합니다. 그리고 함께 배움을 실천하지 않는 것을 정당화합니다.

지금 일본 교사들 가운데 많은 수를 차지하는 50대 교사는 살아남을 수 있습니다. 왜냐하면 너무나 커다란 개혁이기 때문에 단번에 진행되지 않습니다. 일부 입시 위주 학교 외에는 5년 정도는 감출 수 있고, 5년 정도 몸을 움츠리면 퇴직까지 남은 날을 헤아리며 피해 갈 수 있습니다.

하지만 40대인 분은 피해 갈 수 없습니다. 현재 어린이의 30년 후 40년 후의 행복을 결정하는 것은 '지금'입니다. 모든 교사가 바꾸지 않더라도 당신이 '지금' 함께 배움을 배운다면, 어린이들의 인생은 더욱 좋아질 것입니다.

눈앞의 어린이들을 떠올려 보세요. 이 학생이 성인이 되어 일하게 될 때, 다른 사람과 협동하면서 일할 수 있겠습니까?

혹은 당신이 동료로 삼고 싶은 사람입니까? 이 학생이 실업자가 된다면 혈육처럼 직장을 찾아 주는 친구가 있겠습니까?

혹시 생활이 곤궁해진다면 생활보장제도가 있다는 것을 알려 주고, 함께 절차를 밟아 주는 친구를 구할 수 있겠습니까?

냉혹한 말이지만, 지금 이대로의 수업으로는 여러분의 제자는 굶어 죽거나 고독사할 가능성이 있습니다. 그것은 여러분의 자녀도 예외가 아닙니다.

마케팅 이론으로 보면…

상품이 팔리는 과정을 분석한 이론에 에버렛 로저스의 구매 이론, 제프리 무어의 캐즘chasm 이론이 있습니다.

캐즘 이론에 의하면 우리는 혁신자, 선각 수용자, 전기 다수, 후기 다수, 지각 수용자의 5종류로 구별됩니다.

혁신자는 새로운 것을 좋아합니다. 여러분 주변에도 언제나 새로운 제품, 새로운 소프트 앱을 사용하는 사람이 있을 것입니다. 새로운 것의 대부분은 바로 버려지기 때문에 그 사람이 사용하는 것은 항상 바뀝니다. 그래서 그 사람이 새로운 것을 이야기하더라도 "또 시작이네"라며 한 귀로 흘려 버립니다. 이런 사람이 전체의 2.5%를 차지합니다.

이런 혁신자의 모습을 조용히 지켜보는 사람이 있습니다. 혁신자가 일정 기간 이상 계속 사용하면 '진짜'일 가능성이 있습니다. 그러면 "그것 어떻게 사용해?"라고 혁신자에게 묻습니다. 이들이 13.5%의 선각 수용자입니다. 이들이 사용하기 시작하면 주변 사람들이 '저것 좋을 것 같아'라고 생각하기 시작합니다. 매스컴에서 다루는 것도 이 사람들이 사용하기 시작하는 시기입니다.

이렇게 되면 전체의 34%를 차지하는 전기 다수의 사람이 사용해 볼까라고 생각합니다. 이 사람들이 중요시하는 것은 확실한 안전입니다. 이들이 사용하면 전체의 50%가 사용하게 되어 소위 박차가 걸리게 되고, 곧 34%의 후기 다수의 사람이 사용하기 시작합니다. 곧 대다수 사람이 사용합니다. 초보수적인 지각 수용자는 마지막까지 사용하지 않지만 대세는 정해졌습니다.

두 가지를 강조하고 싶습니다.

먼저, 혁신자는 위대하고 지각 수용자는 안 된다는 것이 아닙니다. 특히 교육은 그렇습니다. 다른 사람의 자녀를 맡아 기르는 것이 교육입니다. 모험은 안 됩니다. 하지만 진보도 필요합니다. 그래서 다양한 유형의 사람이 있고 시간이 지나면 "진짜"와 "가짜"를 감별하는 인간 집단의 구조는 감탄할 만합니다.

어떤 것에 박차가 걸릴지 아닐지는 전기 다수의 사람이 수용하는지 여부에 달려 있습니다. 즉, 이 책은 이런 전기 다수의 사람들을 위해 존재합니다. 서두를 필요는 없습니다. 천천히 실천해 주세요. 단지 몇 년 후에는 대학입시 개혁과 그것에 동반된 교육 체제의 변화가 있다는 것을 이해해 주시기 바랍니다.

함께 배움을 반대하는 교사 분별법

함께 배움으로 학교 만들기를 시도하는 중인 학교에 초청된 적이 있습니다. 지금까지 말씀드린 것처럼 새로운 것에 대한 반응은 다양합니다.

저는 학교의 모든 수업을 참관할 예정입니다. 천천히 둘러보지 않습니다. 한 번 방문으로 20~30명의 선생님을 살펴봅니다. 한 사람당 약 10초 정도 흘긋 본 다음 교실로 이동합니다. 한 차시 동안 교실을 죽 둘러봅니다.

그리고 함께 배움에 찬성하는지 반대하는지 학교 선생님들을 분류합니다. 그것을 교장과 연구부장 선생님에게 보이면 거의 정답이라고 놀라는데, 함께 배움의 맥락을 이해한다면 누구나 그렇게 합니다.

함께 배움을 강하게 반대하는 분은 대체로 두 가지 유형으로 나눌 수 있습니다.

첫 번째 유형은 조용한 가운데 선생님의 목소리만 들리는 수업을 하는 분입니다. 학생들이 발언하는 시간은 짧고 그것도 교사와의 대화이지 학생 간의 대화는 거의 없습니다. 전체적으로 5분 정도입니다.

두 번째 유형은 웃음이 있고, 눈물이 있는 수업을 하는 분입니다. 소위 카리스마가 있는 선생님입니다(이하 카리스마 선생님이라 칭합니다). 카리스마 선생님은 연수회에도 참가하고 책도 읽습니다. 그래서 수업이 매끄럽습니다. 학생들도 지루해하지 않고 공부를 계속합니다.

얼핏 보기에 두 유형은 정반대인 것 같지만 뿌리는 같습니다. 교사의 역량을 중요시하나 학생의 역량은 한정되어 있다고 생각합니다. 그래서 첫 번째 유형은 권위로 학생을 누르고, 두 번째 유형은 기술로 학생을 누릅니다. 어느 쪽이나 자신이 생각한 대로 학생을 움직이려고 합니다. 함께 배움과는 정반대의 사고방식입니다.

이 두 유형은 학생 주도로 하면 통제 불능이 된다고 생각합니다. 그래서 선생님 주도로 합니다. 학생들끼리 협동적으로 하면 통제 불능이 된다고 생각합니다. 이 때문에 협동을 학생과 선생님의 대화라고 생각합니다.

사실은 이 함께 배움에 반대하는 유형이 함께 배움을 실천하면 멋진 함께 배움을 실현할 수 있습니다.

왜냐하면 이분들은 학생들에게 '의욕'을 일으키는 기법을 이해하고 있기 때문입니다. 그래서 학생들을 조용히 시키기도 하고, 종횡무진 움직이게 하는 것이 가능한 것입니다. 그 능력이 있으면 함께 배움을 단기간에 성립시키고 쑥쑥 그 질을 높여 나갈 수 있습니다.

하지만 지금 수업이 상당한 수준에 도달했으므로 그것을 버리는 것에 저항감이 있는 것은 당연합니다. 앞서 말한 대로 저 자신도 휴대전화를 사용하기까지는 저항이 있었습니다. 지금의 능력을 버리는 것이 아니라 그 능력을 사용하는 방법이 다른 것입니다. 지금까지는 학생을 선생님이 생각한 대로 행동하게 하는 데 그 기법을 사용했습니다.

함께 배움은 교사를 넘어선 수준으로 성장하는 학생 집단 육성을 목표로 합니다. 선생님이 생각한 대로 집단이 행동하도록 능력을 사용하면 좋습니다. 이런 분들은 학급 경영이나 진로지도, 생활지도, 클럽 활동에서는 그 능력을 이미 사용하고 있습니다. 그것을 교과 지도에도 사용할 뿐입니다. 하지만 의식을 바꾸는 데는 시간이 걸립니다. 제가 휴대전화를 사용하기까지 시간이 걸렸던 것처럼.

그럼 함께 배움에 찬성하는 교사(이하, AL 교사라 칭합니다)의 일제 수업은 어떤 모습일까요?

먼저 수업 중인 학생들의 표정이 부드럽습니다. 그중에는 싱글벙글하는 학생도 있습니다. 여기까지는 카리스마 선생님과 같습니다. 차이는 말하는 양과 속도입니다. 카리스마 유형은 다그치듯이 말합니다. AL 교사는 보통으로 말합니다. 교사가 말실수하면 누군가가 그것을 지적하고, 학급 전체가 웃습니다. 왜 이런 일이 일어날까요?

AL 교사는 그것을 허용하고 있기 때문입니다. 그 이유는 확실히 해야 할 것만 최소한으로 확인하면, 학생은 바보 같은 일은 하지 않으며 교사 자신이 통제할 수 있다고 생각하기 때문입니다. 이와 같은 학생에 대한 신뢰와 자기 자신에 대한 신뢰가 없으면 함께 배움은 비약하지 않을 것입니다.

아마도 이 책을 읽고 있는 분은 그런 분일 것입니다. 그런데 아직 경험이 없으므로 안전하고 확실하게 진행하고 싶다고 생각할 것입니다.

자, 이런 포인트를 알면 동료나 상사를 명확히 분류할 수 있습니다. 또, 장학사 중에는 교사가 해야 할 것만을 말하는 분과 학생의 자세나 반응을 많이 말하는 분이 있습니다. 이 점으로 분류할 수 있습니다.

어떤 학교에는 함께 배움을 반대하는 분이 있습니다. 그런 분에게 연구수업으로 보여서는 안 됩니다. (반대하는) 장학사나 초임자 지도 교원에게도 보이는 것을 권하지 않습니다. 지금 함께 배움에 흥미를 지닌 분들은 안테나가 높은 사람입니다. 당신이 함께 배움이 아닌 보통 수업을 그들에게 보이더라도, 당신이 함께 배움을 하고 있다는 것을 그분들은 알고 있습니다. 필요 없는 마찰은 피합시다.

사람과 어울리는 것이 중요

생각해 보세요. 동료 선생님이 어떤 사고방식과 방법으로 수업하는지 알고 있습니까? 애초에 그것에 관심이 있었습니까? 아마도 그렇지 않을 것입니다.

당연합니다. 지금 교사는 바쁩니다. 그래서 다른 사람의 수업에 관심을 갖고 관여할 여유가 없습니다. 그런데 두 가지 경우에는 문제가 생깁니다.

첫째, 함께 배움이 자신에게 방해가 된다고 생각할 때입니다. 하지만 이 책에 있는 것처럼 안전하고 확실하게 한 걸음 한 걸음 나아간다면 문제는 없습니다.

둘째, 당신의 사고방식이나 방법을 강요할 때입니다. 자기 생각을 믿는 것은 자유입니다. 하지만 그것을 다른 사람에게 강요한다면 길을 걷고 있을 때 접근해 와서 종교 얘기를 꺼내는 사람처럼 거부감을 느낍니다.

받아들이는 사람은 그 사람이 먼저 다가옵니다. 이 장에서 말한 것처럼 다양한 사람이 있습니다. 그들이 있으므로 일본 교육에서 변해서는 안 되는 것이 지켜지고 있는 것입니다. 학교에서 방침을 정하고 대다수 교사가 적극적으로 실천하고 있어도 거부하는 사람도 있습니다. 집단에는 그런 사람도 필요합니다.

예를 들어 일본은 일본 헌법에 의해 지켜지고 있습니다. 하지만 일본인 중에 일본 헌법을 외우고 그것을 논할 수 있는 사람이 얼마나 있을까요? 혹시 일본인 전원이 그렇다면 일본은 위기 상태라고 말할 수 있습니다. 그런 사람은 일부 있는 것이 좋습니다. 그리고 일본 헌법에 반대하는 사람도 일부는 필요합니다. 하지만 대다수 사람은 '일본 헌법은 소중하다고 생각하는 사람 쪽이 옳다'고 생각하고 있는 상태가 건전합니다.

다양한 사람들 속에서 일이 가능한 사람을 육성하는 것이 함께 배움입니다. 교사 자신도 그렇게 되어야 합니다. '안녕하십니까?', '고맙습니다', '죄송합니다', '먼저 실례하겠습니다'. 이 네 가지 인사를 빼먹지 말고 사용합시다. 그리고 '무언가 가능한 일은 없을까?'라고 생각해서 자신이 할 수 있는 것을 합시다. 그것을 실천한다면 주변과 다른 것을 하더라도 당신이라는 사람은 인정받을 것입니다. 그러면 당신이 하고 싶은 것을 할 수 있게 인정을 받습니다.

아울러 모든 선생님은 많은 직업 중에 교사라는 직업을 선택한 사람입니다. 교사의 염원은 한 가지입니다. 따라서 그 방법이 다양해지는 것은 바람직합니다.

함께 배움에서 성적이 향상되지 않는 이유

백 마디 말보다 한 번의 결과로 이해시키세요. 이것은 학생이나 학부모나 같습니다. 동료나 상사에게 이해하기 쉬운 결과를 내는 것입니다. 어떻게 하면 결과를 내는가에 대해서는 확실하게 정리되어 있습니다. 함께 배움은 반드시 결과가 나옵니다.

이유는 간단합니다. 학생은 다양해서 그중에는 교사의 지시를 따르는 학생이 있는 반면에 그렇지 않은 학생도 반드시 있습니다. 그리고 교사의 지시를 따르지 않는 학생의 '구멍'이 크기 때문입니다. 95점이 100점이 되는 것은 매우 어렵습니다. 하지만 20점인 학생을 60점으로 만들기는 쉽습니다. 문제 해결의 관건은 본인의 의지입니다.

그런데 역대 담임(교과 전담도 포함)도 가능하지 않았습니다. 당신의 잘못이 아니라 애초부터 학교 교육과는 궁합이 안 맞는 것입니다. 그렇다면 본인이 하고자 할 마음이 늘도록 영향을 줄 가능성이 있는 사람은 누구일까요? 학생입니다. 그래서 학생들끼리 교류하는 함께 배움은 효과적입니다.

함께 배움으로 성적이 오르지 않는 경우는 세 가지뿐입니다.

첫째, 교사는 함께 배움을 할 마음이지만 실제로는 하고 있지 않은 경우입니다. 가장 많은 경우는 수업의 반은 일제 수업으로 나머지 반은 함께 배움(?)으로 하는 식입니다. 적어도 한 시간 전체를 제대로 함께 배움을 할 필요가 있습니다.

둘째, 결과를 내라고 학생들에게 말하지 않는 경우입니다. 이렇게 하면 학생들은 변하지 않습니다. 결과를 내라고 하는 것이 마음에 걸리면 선생님은 강하게 얘기하지 못할 것입니다. 하지만 요구해야 합니다. 학생 일생의 행복이 달려 있습니다.

셋째, 함께 배움에서 실시한 과제와 평가가 일치하지 않는 경우입니다. 예를 들면, 수업의 대부분을 독해 심화를 시켰는데 테스트에서는 한자 쓰기와 기초적 문법이 점수의 6할을 차지하고 있다면 결과가 나오지 않는 것은 당연합니다. 이 경우 함께 배움의 과제는 한자 쓰기와 기초적 문법을 중심으로 해야 합니다.

단, 주 1회 정도의 함께 배움에서는 성적 향상은 별로 기대하지 못합니다. 대부분이 지금까지 그대로의 수업이기 때문입니다. 하지만 인간관계 개선은 기대할 수 있습니다. 그리고 이 책대로 실천한다면 성적이 내려가는 일은 없습니다.

모두가 함께 배움을 실천하기 위해서

함께 배움을 다른 사람에게 강권하는 것은 매우 위험합니다. 감정적인 반발이 일어나고 이성으로 해결할 수 없게 됩니다.

당신이 함께 배움을 추진하지 않으면 안 되는 입장이라면 어떻게 하겠습니까?

분명한 것은 구체적인 방법을 강제하지 않는 것입니다.

차기 학습지도요령에서 액티브 러닝이 도입된다는 것은 교사라면 누구나 알고 있습니다. 그리고 대학입시 개혁이 있고 그것이 고등학교 교육, 중학교 교육, 초등학교 교육에 파급될 것임도 안테나가 높은 사람이라면 이해할 것입니다.

그럼에도 여전히 "액티브 러닝만을 하라는 것을 어디에도 쓰여 있지 않다", "앞으로의 시험에서도 기초, 기본이 출제의 중심이다"라는 소리를 들을 것입니다. 그런 말에 대응하는 것은 생산적이지 않습니다.

우선, 액티브 러닝을 실천해야만 한다는 것은 교사라면 "아니다"라고 부정할 수 없습니다. 때문에 "선생님 나름대로 액티브 러닝을 실천하여 그것을 다른 분들과 공유합시다"라고 요구합니다.

아마도 반대는 나오지 않을 것입니다.

한편, 달성해야 할 목표를 확실히 합시다. 목표는 선생님의 학교가 초등학교 혹은 중학교인지, 고등학교인지에 따라 다를 것입니다. 그리고 입시 중심 학교인지 아닌지에 따라서도 다릅니다. 그것을 감안해서 다음과 같은 목표를 세우면 좋습니다.

소규모 학교라면 "진학해서도 위축되지 않고, 이질적인 사람과도 인간관계를 만들 수 있는 학생으로 육성한다", 입시 중심 학교라면 "새로운 융합형 문제에 대해 다른 사람들 앞에서 프레젠테이션할 수 있는 학생을 육성한다", 지방 학교라면 "지역에서의 삶을 행복하게 지낼 수 있는 인간관계를 만든다", 입시 명문 학교라면 "입시는 단체전이다. 전원이 진학 희망 학교에 합격하는 학교를 만들자" 등을 생각해 볼 수 있습니다.

이렇게 목표를 세우고 각 사람의 실천을 공유한다면 '진짜' 함께 배움과 '유사' 함께 배움의 차이는 확연해집니다. 당신이 지적하지 않더라도 다음에 도입하려고 하는 분이 제대로 알아차릴 것입니다.

가슴 뛰는 수업을 만나다

누구나 살아가면서 몇 번은 자신의 가슴이 뛰는 소리가 들리는 때가 있었을 것입니다.

반신반의하면서 함께 배움이라는 이상한(?) 수업을 시도한 2016년 12월 그 첫날에 제 가슴이 뛰는 소리를 들었습니다. 이전에는 수업에 참여하지 않고 대부분 엎드려 있거나 때로는 소리를 지르며 수업을 방해하던 학생이 두 눈을 반짝이며 공부하는 모습을 보았기 때문입니다.

그다음 날, 학교에 오자마자 저에게 달려와서 "선생님, 오늘도 함께 배움 공부해요?"라고 묻는 것이 아닙니까?

교직 생활 27년 차입니다. 그 세월만큼 저 나름의 화려한(?) 수업이 있습니다. 온갖 시행착오를 거쳐서 완성된 저한테 꼭 맞는, 그래서 편안한 수업입니다.

저뿐만 아니라 누구나 교사 생활 10년만 넘으면 자신에게 알맞은 수업 스타일이 형성됩니다. 자신만의 수업 스타일을 바꾸는 것은 교사에게는 자신의 성을 바꾸는 것만큼 힘든 일입니다. 어쩌면 자신의 신념을 바꾸는 것인지도 모르기 때문입니다.

그런데 돌이켜 보면 그 수업이 자신에게만 또는 예전의, 일부의 제자들에게만 맞았던 것은 아닐까 반성하게 됩니다.

함께 배움을 연구 실천하면서 인상적인 것을 학력, 인성, 집단지성적 측면으로 나누어 간단히 소개합니다.

교사보다 친구가 더 효과적이다

함께 배움은 학력이 획기적으로 향상된다고 합니다. 아래 그래프는 3학년 1학기 수학과 1~3단원을 함께 배움을 적용한 실험반과 보통 수업으로 진행한 비교반의 단원평가 결과입니다. 3월 초 진단평가 결과에서 실험반은 비교반에 비해 평균 5점 낮은 상태에서의 결과입니다.

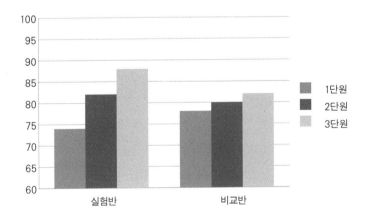

함께 배움을 실시한 실험반은 보통 수업으로 진행한 비교반보다 학력의 향상도가 높았습니다. 3단원 이후의 단원에서도 실험반은 86~90점대의 점수를 보였습니다.

왜 성적이 향상되었을까요? 하위권이 움직였기 때문이라고 판단됩니다. 이들의 성적 향상은 놀랍게도 30~60점대에서 70~100점대로 향상되었습니다.

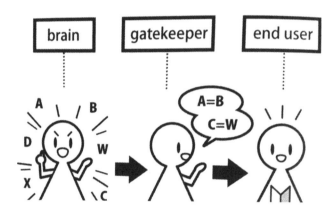

그림 출처: 水落芳明·阿部隆幸(2016), p. 143.

그렇다면 왜 하위권이 향상되었을까요? 지식은 그림에서와 같이 전문가(brain), 문지기(gatekeeper), 초심자(end user)의 3층 구조로 전달된다고 합니다.●

전문가가 하는 말은 초심자는 이해하기 어려운데, 중간에서 문지기가

● 水落芳明·阿部隆幸(2016), 開かれた『学び合い』これで成功する!, 学事出版, p. 142, 143.

알아듣도록 쉽게 설명해 주기 때문에 지식이 전달된다고 합니다. 교사는 전문가입니다. 그리고 초심자는 하위권 학생이겠지요. 그럼, 문지기는 누구일까요? 바로 하위권이 이해할 수 있는 언어로 설명해 주는 친구입니다. 함께 배움에서는 학생이 학생을 가르치는 구조이기 때문에 자연스럽게 이런 문지기들이 다수 나타난다고 합니다.

더 주목하고 싶은 것은 위와 같은 시험 성적뿐만 아니라 문제 해결력, 자기 주도적 학습력, 의사소통력 등과 같은 미래 학력이라고 일컬어지는 학력 또한 좋아지고 있음을 피부로 느끼고 있습니다.

갈등을 자율적으로 해결하는 학생 집단

다음은 인성교육 측면입니다. 교사의 잡무 경감 조치가 있었지만, 학교는 변함없이 바쁘게 돌아갑니다. 학교뿐만 아니라 학생들 역시 학교가 끝나면 바로 학원이나 방과 후 교실로 직행하는 학생이 많습니다. 일상의 스트레스가 쌓여서 그런지 작은 일에도 화를 내는 학생이 많습니다.

또, 우울감을 느끼는 학생도 적지 않은 편입니다. 저학년인데도 1교시부터 엎드려 있는 학생도 있고, 수업 중에 소리를 지르거나 심지어 수업 중에 뛰쳐나가는 학생도 있다고 들었습니다.

함께 배움에서는 조용히 하라고 학생들에게 요구하지 않습니다. 오히려 말하기를 권장합니다. 또, 함께 배움에서는 가만히 앉아 있으라고 말하지 않습니다. 반대로 일어나 돌아다닐 것을 권장합니다.

처음에는 학생들이 어리둥절합니다. 이전에는 공부 시간에 이야기하거나 돌아다니면 지적받았기 때문이겠지요. 때문에 이런 학생들에게 함께 배움 수업 방식은 사막에서 오아시스를 만난 기분일 것입니다. 자연스럽게 교사의 훈계가 줄어들고, 문제 행동을 보이던 학생과의 관계가 개선됩니다. 교사와 학생 모두 윈윈(WIN-WIN)하는 관계가 형성됩니다.

함께 배움은 한 사람도 포기하지 않고 전원 달성을 추구합니다. 때문에 자연스럽게 서로 배려하고, 서로 돕는 학급 문화가 형성됩니다. 배려하지 않으면 자신들이 원하는 전원 과제 달성이 어렵다는 것을 피부로 느끼기 때문입니다.

우리 반 학생들은 한자 카드놀이를 자주 합니다. 보통 3~5명이 하는데 어떤 학생이 중간에 끼워 달라고 합니다. 만일 이때 거절하면 이 학생은 다음 함께 배움 시간에 삐쳐서 말을 하지 않을 것입니다. 그렇게 된다면 자신들이 간절히 원하는 전원 달성이 힘들어진다는 것을 알고 있습니다. 그래서 기꺼이 이 학생을 놀이에 포함시킵니다. 이처럼 학생 간에도 윈윈하는 관계가 형성됩니다.

어느 집단이나 갈등은 존재합니다. 그런데 갈등을 감추거나 억압한다면 더 큰 갈등이 올 것입니다. 관건은 갈등을 어떻게 보고 어떻게 해결할 것인가에 달렸습니다.

7월 후덥지근하게 더운 날, 함께 배움 수학 시간에 큰 소리가 났습니다.

"건들지 말란 말이야!"

그러자 학생들이 우르르 몰려들었습니다. 그중의 한 아이가 화난 학생 어깨를 다독거리면서 말했습니다.

"응, 무슨 일이야?"

"○○가 허락 없이 내 어깨를 건들고 있잖아."

"어, 그래. 많이 화가 났구나."

"그래, 화가 난다. 정말 짜증 나!"

"알았어! 너의 마음 이해해."

"그런데 지금 무슨 시간이니."

"함께 배움이지."

"그래, 그럼 우리 뭐 해야 하지."

"과제 달성해야지."

"응, 그렇지. ○○야 너도 사과해라."

"미안해."

"알았어. 화가 나지만 내가 참는다."

"그래 우리 다 같이 함께 배움 하자!"

마무리 시간에 교사는 다음과 같이 두 학생을 동시에 칭찬했습니다.

"오늘 말다툼이 있었습니다. 하지만 그 소리를 듣고 친구에게 달려와 친구를 위로하면서 함께 배움을 하게 한 친구가 있었습니다. 훌륭합니다. 또 친구의 말을 듣고 자신의 감정을 풀고, 공부에 집중한 친구도 있었습니다. 자신의 화난 감정을 푸는 것은 쉽지 않습니다. 이 친구도 역시 멋집니다. 이처럼 스스로 해결하는 우리 반이라서 선생님은 정말 행복합니다."

종래의 방식은 어떻습니까? 위와 같은 다툼이 일어난다면, 교사는 양쪽의 주장을 듣고 어느 쪽이 잘못했는지 판단해서, 잘못한 쪽이 사과하게 하고, 화해시키겠지요. 즉, 교사는 재판관 역할을 해 왔습니다.

그런데 잘못한 쪽은 그 판결을 진정으로 승복했을까요? 대부분은 아닐 것입니다. 집에 가서 "선생님은 나만 미워해"라며 눈물을 글썽이며 호소하겠지요. 이런 일이 반복되면 어떤 일이 벌어질지 교사라면 누구나 알 것입니다.

함께 배움에서는 갈등을 학생 집단이 자율적으로 해결합니다.

발상의 전환

함께 배움은 일본의 니시카와 준西川 純 교수가 개발한 수업입니다. 한 번에 완성된 것이 아니라 20년에 걸쳐 형태를 가다듬어 온 수업입니다.

학교는 미래의 동료를 만드는 곳(학교관)으로 학생들은 성인과 동일한 정도로 유능하여(아동관) 교사가 가르쳐 주지 않아도 과제를 집단의 역동적인 힘으로 달성할 수 있다(수업관)는 사고방식으로, 한 사람도 포기하지 않는 교육철학을 강조하고 있습니다.

그런데 상당히 오랫동안 구체적인 방법을 제시하지 않았습니다. 때문에 "실체가 없다", "이론상으로만 가능하다"라는 비판을 받아 오다가 2010년 『함께 배움, 스타트북』에서 처음으로 함께 배움의 방법을 제시했습니다.

위의 책을 보다 정교화한 것이 우리나라에서 2016년에 번역 출간된

『함께 배움, 가만히 앉아 있으라는 굴레를 벗어던진 수업』(살림터)입니다. 함께 배움 수십 권 책 중에서 니시카와 교수가 첫 번째로 번역할 책으로 추천했습니다. 그리고 여러분이 보고 있는 이 책을 두 번째로 추천했습니다.

함께 배움은 일본에서는 20년의 내공이 있지만, 우리나라에서는 2015년 9월부터 연구하고, 수업 실천은 같은 해 12월부터 시작했습니다. 책 출간은 2016년 6월이니 이제 막 도입 초기 단계를 벗어나고 있습니다.

하지만 우리나라 연구 모임인 함께배움연구회의 집단지성으로 일본 선생님을 놀라게 한 성과가 나왔습니다. 함께 배움은 가시화가 매우 중요한데 그 가시화 중에서 핵심은 이 책 41쪽의 사진에 있는 자석 이름표 붙이기입니다. 저도 초기에는 일본과 같이 칠판에 네모를 그려서 이름표를 붙이게 했습니다. 그 후 사각형 모양의 틀을 만들어 사용하기도 했습니다. 그런데 학생들 사이에 왼쪽 맨 위가 1등 자리라며 서로 경쟁하는 현상이 나타났습니다.

연구회 회원인 임현진 선생님이 이 문제를 일거에 해결한 작품을 카페에 올렸습니다. 네모를 원으로 바꾼 것입니다. 그것을 개량한 것이 사진과 같은 형태입니다.

원 모양 작품을 본 많은 일본 선생님이 정말 함께 배움 정신을

잘 구현했다고 이구동성으로 칭찬하면서 자신들도 활용하겠다고 합니다. 함께배움연구회 카페에는 이것 외에도 지도안, 활동지 등 많은 자료가 탑재되어 있습니다. 아직 배울 것이 많지만, 일부 자료는 일본보다 낫다고 자부합니다.

두 장면

3학년 수학에는 1학기에 나눗셈 단원이 있고, 2학기에도 나눗셈 단원이 나옵니다. 그때 나눈 대화입니다.

■ 장면 1 (1학기)
"왜 나눗셈을 배워야 할까요?"
"도움이 되니까요."
"좋은 점수 받으려고요."
"칭찬받으니까요."
"부모님을 기쁘게 해드리고 싶어서요."
"좋은 대학 가려고요."
"돈을 많이 벌어서 부자 되려고요."

■ 장면 2 (2학기)
"왜 나눗셈을 배워야 할까요?"
"친구를 도와줄 수 있으니까요."

"서로 도와줘서 전원 달성하면 기분이 좋으니까요."

"내가 가르쳐 준 친구가 과제를 달성하면 기분이 좋아지니까요."

학생들에게 공부란 무엇일까요? 장면 1에 나와 있는 것처럼, 혼자 열심히 해서, 부모님 기쁘게 하고, 좋은 대학, 좋은 직장에 들어가기 위한 것으로 이해하고 있었습니다.

한 학기를 함께 배움으로 공부하고 난 다음, 학생들의 응답은 공부는 친구를 도와주기 위해 하는 것으로 바뀌었습니다. 즉, 남을 도와주기 위해 한다는 것입니다. 학생들은 이제 공부를 한 사람도 포기하지 않고 모두를 도와주기 위한 것이라고 생각합니다.

함께 배움의 목표는 이처럼 서로 돕는 동료 관계가 졸업 후에도 지역사회에 굳건히 형성된 네트워크 만들기입니다.

한 사람도 포기하지 않고 모두가 모두를 돌보는 그런 지역사회입니다.

초고를 읽고, "함께 배움의 기준이 확실히 정립된다"라며 원고 정리에 도움을 주신 옥경화 선생님께 감사드립니다.

백만 송이 촛불 꽃이 피어난 밤에

삶의 행복을 꿈꾸는 교육은 어디에서 오는가?

미래 100년을 향한 새로운 교육

▶ 교육혁명을 앞당기는 배움책 이야기
혁신교육의 철학과 잉걸진 미래를 만나다!

핀란드 교육혁명
한국교육연구네트워크 총서 01 | 320쪽 | 값 15,000원

일제고사를 넘어서
한국교육연구네트워크 총서 02 | 284쪽 | 값 13,000원

새로운 사회를 여는 교육혁명
한국교육연구네트워크 총서 03 | 380쪽 | 값 17,000원

교장제도 혁명
한국교육연구네트워크 총서 04 | 268쪽 | 값 14,000원

새로운 사회를 여는 교육자치 혁명
한국교육연구네트워크 총서 05 | 312쪽 | 값 15,000원

혁신학교에 대한 교육학적 성찰
한국교육연구네트워크 총서 06 | 308쪽 | 값 15,000원

혁신학교
성열관·이순철 지음 | 224쪽 | 값 12,000원

행복한 혁신학교 만들기
초등교육과정연구모임 지음 | 264쪽 | 값 13,000원

서울형 혁신학교 이야기
이부영 지음 | 320쪽 | 값 15,000원

혁신교육, 철학을 만나다
브렌트 데이비스·데니스 수마라 지음
현인철·서용선 옮김 | 304쪽 | 값 15,000원

혁신교육 존 듀이에게 묻다
서용선 지음 | 292쪽 | 값 14,000원

다시 읽는 조선 교육사
이만규 지음 | 750쪽 | 값 33,000원

프레이리와 교육
한국교육연구네트워크 번역 총서 01
존 엘리아스 지음 | 한국교육연구네트워크 옮김
276쪽 | 값 14,000원

교육은 사회를 바꿀 수 있을까?
한국교육연구네트워크 번역 총서 02
마이클 애플 지음 | 강희룡·김선우·박원순·이형빈 옮김
352쪽 | 값 16,000원

비판적 페다고지는 세상을 변화시킬 수 있는가?
한국교육연구네트워크 번역 총서 03
Seewha Cho 지음 | 심성보·조시화 옮김 | 280쪽 | 값 14,000원

마이클 애플의 민주학교
한국교육연구네트워크 번역 총서 04
마이클 애플·제임스 빈 엮음 | 강희룡 옮김 | 276쪽 | 값 14,000원

미래교육의 열쇠, 창의적 문화교육
심광현·노명우·강정석 지음 | 368쪽 | 값 16,000원

대한민국 교사, 어떻게 가르칠 것인가?
윤성관 지음 | 320쪽 | 값 15,000원

아이들을 어떻게 가르칠 것인가
사토 마나부 지음 | 박찬영 옮김 | 232쪽 | 값 13,000원

아이들의 배움은 어떻게 깊어지는가
이시이 준지 지음 | 방지현·이창희 옮김 | 200쪽 | 값 11,000원

모두를 위한 국제이해교육
한국국제이해교육학회 지음 | 364쪽 | 값 16,000원
2015 세종도서 학술부문

경쟁을 넘어 발달 교육으로
현광일 지음 | 288쪽 | 값 14,000원

독일 교육, 왜 강한가?
박성희 지음 | 324쪽 | 값 15,000원

대한민국 교육혁명
교육혁명공동행동 연구위원회 지음 | 224쪽 | 값 12,000원

▶ 비고츠키 선집 시리즈
발달과 협력의 교육학 어떻게 읽을 것인가?

 생각과 말
레프 세묘노비치 비고츠키 지음
배희철·김용호·D. 켈로그 옮김 | 690쪽 | 값 33,000원

 성장과 분화
L.S. 비고츠키 지음 | 비고츠키 연구회 옮김
308쪽 | 값 15,000원

 도구와 기호
비고츠키·루리야 지음 | 비고츠키 연구회 옮김
336쪽 | 값 16,000원

 의식과 숙달
L.S 비고츠키 | 비고츠키 연구회 옮김
348쪽 | 값 17,000원

 어린이 자기행동숙달의 역사와 발달 Ⅰ
L.S. 비고츠키 지음 | 비고츠키 연구회 옮김
564쪽 | 값 28,000원

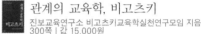 **관계의 교육학, 비고츠키**
진보교육연구소 비고츠키교육학실천연구모임 지음
300쪽 | 값 15,000원

 어린이 자기행동숙달의 역사와 발달 Ⅱ
L.S. 비고츠키 지음 | 비고츠키 연구회 옮김
552쪽 | 값 28,000원

 비고츠키 생각과 말 쉽게 읽기
진보교육연구소 비고츠키교육학실천연구모임 지음
316쪽 | 값 15,000원

 어린이의 상상과 창조
L.S. 비고츠키 지음 | 비고츠키 연구회 옮김
280쪽 | 값 15,000원

 비고츠키와 인지 발달의 비밀
A.R. 루리야 지음 | 배희철 옮김 | 280쪽 | 값 15,000원

 연령과 위기
L.S. 비고츠키 지음 | 비고츠키 연구회 옮김
336쪽 | 값 17,000원

 수업과 수업 사이
비고츠키 연구회 지음 | 196쪽 | 값 12,000원

▶ 평화샘 프로젝트 매뉴얼 시리즈
학교 폭력에 대한 근본적인 예방과 대책을 찾는다

 학교 폭력 어떻게 만들어지는가
문재현 외 지음 | 300쪽 | 값 14,000원

 아이들을 살리는 동네
문재현·신동명·김수동 지음 | 204쪽 | 값 10,000원

 학교 폭력, 멈춰!
문재현 외 지음 | 348쪽 | 값 15,000원

 평화! 행복한 학교의 시작
문재현 외 지음 | 252쪽 | 값 12,000원

 왕따, 이렇게 해결할 수 있다
문재현 외 지음 | 236쪽 | 값 12,000원

 마을에 배움의 길이 있다
문재현 지음 | 208쪽 | 값 10,000원

 젊은 부모를 위한 백만 년의 육아 슬기
문재현 지음 | 248쪽 | 값 13,000원

▶ 교과서 밖에서 만나는 역사 교실
상식이 통하는 살아 있는 역사를 만나다

전봉준과 동학농민혁명
조광환 지음 | 336쪽 | 값 15,000원

교과서 밖에서 배우는 역사 공부
정은교 지음 | 292쪽 | 값 14,000원

남도의 기억을 걷다
노성태 지음 | 344쪽 | 값 14,000원

팔만대장경도 모르면 빨래판이다
전병철 지음 | 360쪽 | 값 16,000원

응답하라 한국사 1·2
김은석 지음 | 356쪽·368쪽 | 각권 값 15,000원

빨래판도 잘 보면 팔만대장경이다
전병철 지음 | 360쪽 | 값 16,000원

즐거운 국사수업 32강
김남선 지음 | 280쪽 | 값 11,000원

영화는 역사다
강성률 지음 | 288쪽 | 값 13,000원

즐거운 세계사 수업
김은석 지음 | 328쪽 | 값 13,000원

친일 영화의 해부학
강성률 지음 | 264쪽 | 값 15,000원

강화도의 기억을 걷다
최보길 지음 | 276쪽 | 값 14,000원

한국 고대사의 비밀
김은석 지음 | 304쪽 | 값 13,000원

광주의 기억을 걷다
노성태 지음 | 348쪽 | 값 15,000원

조선족 근현대 교육사
정미량 지음 | 320쪽 | 값 15,000원

**선생님도 궁금해하는
한국사의 비밀 20가지**
김은석 지음 | 312쪽 | 값 15,000원

다시 읽는 조선근대교육의 사상과 운동
윤건차 지음 | 이명실·심성보 옮김 | 516쪽 | 값 25,000원

걸림돌
키르스텐 세룹-빌펠트 지음 | 문봉애 옮김
248쪽 | 값 13,000원

음악과 함께 떠나는 세계의 혁명 이야기
조광환 지음 | 292쪽 | 값 15,000원

▶ 창의적인 협력수업을 지향하는 삶이 있는 국어 교실
우리말 글을 배우며 세상을 배운다

중학교 국어 수업 어떻게 할 것인가?
김미경 지음 | 340쪽 | 값 15,000원

이야기 꽃 1
박용성 엮어 지음 | 276쪽 | 값 9,800원

토론의 숲에서 나를 만나다
명혜정 엮음 | 312쪽 | 값 15,000원

이야기 꽃 2
박용성 엮어 지음 | 294쪽 | 값 13,000원

토닥토닥 토론해요
명혜정·이명선·조선미 엮음 | 288쪽 | 값 15,000원

인문학의 숲을 거니는 토론 수업
순천국어교사모임 엮음 | 308쪽 | 값 15,000원

▶ **4·16, 질문이 있는 교실 마주이야기**
통합수업으로 혁신교육과정을 재구성하다!

통하는 공부
김태호·김형우·이경석·심우근·허진만 지음
324쪽 | 값 15,000원

내일 수업 어떻게 하지?
아이함께 지음 | 300쪽 | 값 15,000원
2015 세종도서 교양부문

인간 회복의 교육
성래운 지음 | 260쪽 | 값 13,000원

교과서 너머 교육과정 마주하기
이윤미 외 지음 | 368쪽 | 값 17,000원

수업 고수들 수업·교육과정·평가를 말하다
박현숙 외 지음 | 368쪽 | 값 17,000원

도덕 수업, 책으로 묻고 윤리로 답하다
울산도덕교사모임 지음 | 320쪽 | 값 15,000원

체육 교사, 수업을 말하다
전용진 지음 | 304쪽 | 값 15,000원

교실을 위한 프레이리
아이러 쇼어 엮음 | 사람대사람 옮김 | 412쪽 | 값 18,000원

마을교육공동체란 무엇인가?
서용선 외 지음 | 360쪽 | 값 17,000원

21세기 교육과 민주주의
한국교육연구네트워크 번역 총서 05
넬 나딩스 지음 | 심성보 옮김 | 392쪽 | 값 18,000원
2016 세종도서 학술부문

교사, 학교를 바꾸다
정진화 지음 | 372쪽 | 값 17,000원

함께 배움
학생 주도 배움 중심 수업 이렇게 한다
니시카와 준 지음 | 백경석 옮김 | 280쪽 | 값 15,000원

공교육은 왜?
홍섭근 지음 | 352쪽 | 값 16,000원

자기혁신과 공동의 성장을 위한
교사들의 필리버스터
윤양수·원종희·장군·조경삼 지음 | 280쪽 | 값 14,000원

함께 배움 이렇게 시작한다
니시카와 준 지음 | 백경석 옮김 | 196쪽 | 값 12,000원

주제통합수업, 아이들을 수업의 주인공으로!
이윤미 외 지음 | 392쪽 | 값 17,000원

수업과 교육의 지평을 확장하는 수업 비평
윤양수 지음 | 316쪽 | 값 15,000원
2014 문화체육관광부 우수교양도서

교사, 선생이 되다
김태은 외 지음 | 260쪽 | 값 13,000원

교사의 전문성, 어떻게 만들어지나
국제교원노조연맹 보고서 | 김석규 옮김 392쪽 | 값 17,000원

수업의 정치
윤양수·원종희·장군 지음 | 280쪽 | 값 14,000원

학교협동조합,
현장체험학습과 마을교육공동체를 잇다
주수원 외 지음 | 296쪽 | 값 15,000원

거꾸로교실,
잠자는 아이들을 깨우는 수업의 비밀
이민경 지음 | 280쪽 | 값 14,000원

교사는 무엇으로 사는가
정은균 지음 | 292쪽 | 값 15,000원

마음의 힘을 기르는 감성수업
조선미 외 지음 | 300쪽 | 값 15,000원

작은 학교 아이들
지경준 엮음 | 376쪽 | 값 17,000원

감성 지휘자, 우리 선생님
박종국 지음 | 308쪽 | 값 15,000원

대한민국 입시혁명
참교육연구소 입시연구팀 지음 | 220쪽 | 값 12,000원

교사를 세우는 교육과정
박승열 지음 | 312쪽 | 값 15,000원

전국 17명 교육감들과 나눈
교육 대담
최창의 대담·기록 | 272쪽 | 값 15,000원

▶ **남북이 하나 되는 두물머리 평화교육**
분단 극복을 위한 치열한 배움과 실천을 만나다

10년 후 통일
정동영·지승호 지음 | 328쪽 | 값 15,000원

선생님, 통일이 뭐예요?
정경호 지음 | 252쪽 | 값 13,000원

분단시대의 통일교육
성래운 지음 | 428쪽 | 값 18,000원

김창환 교수의 DMZ 지리 이야기
김창환 지음 | 264쪽 | 값 15,000원

▶ **출간 예정**

근간 한글혁명
김슬옹 지음

근간 학교 민주주의의 불한당들
정은균 지음

근간 어린이와 시
오인태 지음

근간 세계 교육개혁의 빛과 그림자
프랭크 애덤슨 외 지음 | 심성보 외 옮김

근간 서울 마을교육공동체 만들기
박동국 외 지음

근간 민·관·학 협치 시대를 여는
마을교육공동체 만들기
김태정 지음

근간 민주시민을 위한 역사교육
황현정 지음

근간 학교를 개선하는 교장
마이클 풀란 지음 | 서동연·정효준 옮김

근간 학교를 변호한다
마스켈라인 J. & 시몬 M. 지음 | 윤선인 옮김

근간 혁신학교 사전
송순재 외 지음

근간 핀란드 교육의 기적은 어떻게 만들어지나
Hannele Niemi 외 지음 | 장수명 외 옮김

근간 미국의 진보주의 교육 운동사
윌리엄 헤이스 지음 | 심성보 외 옮김

근간 역사 교사로 산다는 것은
신용균 지음

근간 경기의 기억을 걷다
경기남부역사교사모임 지음

근간 함께 만들어가는 강명초 이야기
이부영 외 지음

근간 민주주의와 교육
Pilar Ocadiz, Pia Wong, Carlos Torres 지음 | 유성상 옮김

근간 고쳐 쓴 갈래별 글쓰기 1
(시·소설·수필·희곡 쓰기 문예 편)
박안수 지음(개정 증보판)

근간 고쳐 쓴 갈래별 글쓰기 2
(논술·논설문·자기소개서·자서전·독서비평·
설명문·보고서 쓰기 등 실용 고교용)
박안수 지음(개정 증보판)

참된 삶과 교육에 관한
생각 줍기